中国康养旅游发展报告（2021）

主　编 / 邹统钎
副主编 / 侯满平　王　欣

ANNUAL REPORT ON THE
DEVELOPMENT OF HEALTH AND
WELLNESS TOURISM IN CHINA (2021)

社会科学文献出版社
SOCIAL SCIENCES ACADEMIC PRESS (CHINA)

目 录

总 报 告

世界康养旅游发展趋势及经验借鉴 ………… 邹统钎　张梦雅 / 001
中国康养旅游发展概况及趋势
　　………………………… 侯满平　李贝贝　贾润发　田　野 / 019

区 域 篇

云南康养旅游发展之优势与转化路径研究
　　………………… 明庆忠　李　燚　桂荣芳　唐雪凝 / 042
贵州康养旅游发展初探 ………………………… 张文磊 / 064
海南省休闲康养产业现状与发展对策 ……… 黄朝明　汤世康 / 080
陕西康养旅游发展报告 ……………………… 梁学成　王靖华 / 095
夏养山西
　　——山西省康养旅游发展经验 ……… 李　倩　班凤梅 / 107

001

专 题 篇

温泉康养旅游发展研究
　　——以江西为例 ………………… 曹秋香　侯满平　陈　扬 / 126
森林康养旅游发展报告 …………………………… 徐　峰　卢　珊 / 138
庐山康养旅游发展研究 …………………………… 沈中印　雷　彬 / 152
桂林市康养旅游产业开发模式与创新路径研究 ………… 易志斌 / 165
基于 PEST–SWOT 分析的康养运动休闲小镇发展对策研究
　　……………………………………………… 陈　元　金媛媛 / 180

案 例 篇

南城县借力洞天福地麻姑山　打造 6G 文化康养园探析
　　………………………………… 朱　博　蔡占军　章永兰 / 194
四川省洪雅县康养旅游发展研究 …… 穆鹏云　张守夫　侯满平 / 206
康养酒店经典案例分析
　　………… 曾丽婷　吴琼瑶　朱晓豫　Olaf Schulz-Lobeck / 217

后　记 ……………………………………………………………… / 237

总 报 告

世界康养旅游发展趋势及经验借鉴

邹统钎 张梦雅*

一 世界康养旅游发展总体情况

2020年的COVID-19大流行对全球旅游业造成了前所未有的破坏，导致国内外旅游业自2020年3月以来陷入停滞，并引发了有史以来最严重的旅游危机。联合国世界旅游组织公布的数据显示，仅2020年上半年，国际游客（过夜游客）减少了4.4亿人次，同比下降65%。其中亚太地区是首个新冠疫情影响的地区，也是迄今为止受影响最严重的地区，其次是欧洲（-66%），再次是美洲（-55%）、非洲及中东（均为-57%）。为控制新冠疫情的传播、蔓延，国际和国内颁布航班禁令，温泉和健康酒店暂时关停，这些举措

---

* 邹统钎，博士，北京第二外国语学院校长助理、中国文化和旅游产业研究院院长，教授，研究方向为文化遗产管理、文化旅游发展政策等；张梦雅，北京第二外国语学院旅游管理专业硕士研究生，研究方向为旅游目的地管理与旅游规划。

都限制了健康旅游市场的发展。

新冠肺炎疫情虽然对旅游业产生了巨大冲击，但从长远来看，疫情过后，健康旅游市场将呈现复苏甚至快速发展的大趋势。一方面，从市场来看，新冠肺炎疫情对人类健康和生命安全构成巨大威胁，公众健康意识由此得到前所未有的提高。人们对健康概念的关注，很可能会推动部分旅游产品的市场需求扩大，旅游消费升级的大趋势不会因为疫情而改变。疫情促使人们更加关注大健康领域的生活理念、产品消费和生活方式。在这种背景下，注重健康生活、旅游体验和医疗的健康旅游业将在一定程度上恢复和快速发展。另一方面，从供给来看，疫情也促使社会各界更加关注健康旅游业的发展，促进健康旅游产品形式的多元化创新，融入当代人的健康需求，充分利用互联网技术实现健康旅游产品模式的创新。在疫情期间，人们更多地待在家里，旅行活动急剧减少，因此迫切需要满足家庭保健的需求。在这种背景下，利用互联网技术和虚拟现实技术的远程保健节目和虚拟现实健康旅游活动也相应地发展起来。

（一）世界康养旅游发展现状

国外康养旅游起源于健康旅游，即 Health Tourism，14 世纪初温泉疗养地 SPA 的建立标志着健康旅游的形成。健康旅游倡导高科技技术与现代健康生活理念的融合，使人们在自然环境中放松身心。健康旅游是世界上发展最快的旅游形式之一，但同时其面临各地发展不均衡和健康卫生服务组织遭受中断的现状。

1. 世界康养旅游呈指数级增长

近年来，健康旅游和医疗旅游呈指数级增长。从 2014 年到 2019 年全球健康入境人数的复合年增长率为 4.1%。2019 年，全球康养旅游市场的估值为 7384 亿美元（见图 1）。健康概念正在改变旅游业的几乎所有方面，康养旅游业只会在未来几年里增长更快，因为它位于两个巨大、蓬勃发展的行业的强大交叉点：2.6万亿美元的旅游业和4.2万亿美元的健康市场。

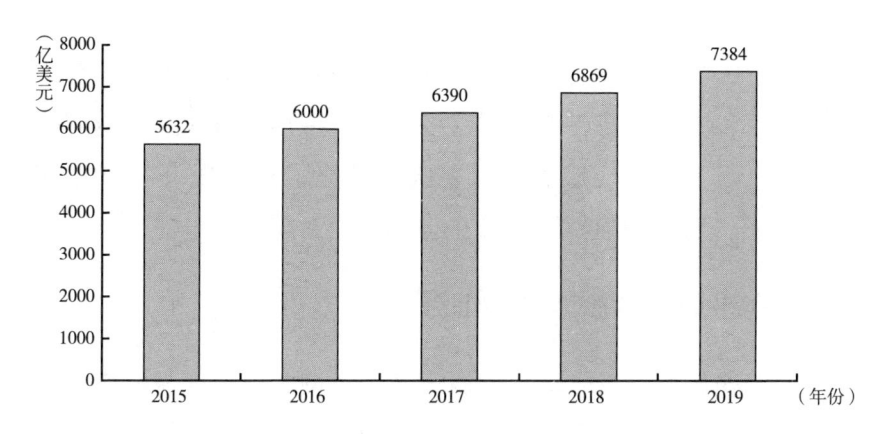

图1　2015~2019年全球康养旅游市场规模

资料来源：GWI前瞻研究院整理。

2. 世界各国基本卫生服务遭受不同程度中断

在COVID-19对全球卫生服务产生巨大影响的今天，思考改进医疗服务，提供的新方法尤为重要。世界卫生组织对120个国家进行的调查显示，80%以上的国家基本卫生服务受到影响。低收入国家受到了很大影响，45%的基本服务中断；而在高收入国家，这种情况不太明显，只有4%的国家基本服务中断。地中海地区的国家受影响最大，其次是非洲和东南亚地区。

3. 世界各地区的康养旅游服务存在巨大差异

考虑到全球康养旅游中重要的地理和文化差异，收集到的信息应该逐地区分析。在这一区域分析中，可以看出某些服务的存在和发展取决于本区域相关资源的可用性。目前最重要的康养旅游服务在各区域之间差别很大，如北欧有大量的休闲和娱乐场所，南欧有大量的保健酒店和度假村，医疗酒店/诊所是中欧的典型，外科诊所在北美发挥着重要作用，水疗和康养游轮在中美洲显示出重要性。这些地区的独特资源如果能被合理利用，将成为本地区在康养旅游中的最大竞争优势，因为国际健康旅行者通常会寻找具有鲜明特色的康养旅游服务项目。

详细的区域分析表明，各地区的康养旅游存在显著差异。营销人员、开发商和决策者需要考虑到这些差异；特别是游客越来越期待目的地的特色服务或真实服务，这些服务补充了全球现有的产品和服务，提供了"真实和独特"体验的倾向。

（二）世界康养旅游市场细分

全球康养旅游市场已经根据旅行者的类型、市场区域、康养服务类型和康养旅游目的地地理位置进行了细分。

（1）按旅游者类型划分，全球康养旅游市场被划分为初级康养旅游者和次级康养旅游者。初级康养旅游者是指旅行主要基于健康目的的人。次级康养旅游者是指在进行休闲或商务旅行时寻求保持健康的人。2019年次级康养旅游者占了重要的市场份额。

（2）按市场区域划分，市场已被划分为国内市场和国际市场。全球康养旅游市场也被细分为食、宿、行、游、购、娱等服务。以预订方式进行的市场细分已在线上和线下进行。

（3）按康养服务类型划分，世界最受欢迎的康养旅游服务有四类，一是康养酒店和度假水疗中心，通常是基于一些水资源，提供从健身到美容和水疗等服务；二是医疗（外科）服务，是指治疗涉及某些手术的旅行，如牙科或美容工作，甚至是救生手术；三是休闲和娱乐，涉及日常生活和生活方式，为寻找放松和乐趣的游客提供广泛的设施和服务；四是精神和整体旅游服务，专注于个人的精神追求。医疗（治疗）服务在某种程度上不同于外科，它有类似的要素，即医学检查和诊断，但它的区别在于它往往需要长期停留或重复访问目的地。治疗旅游往往使用一些具有治疗能力的自然资产，它与治疗娱乐有联系，其重点是让有疾病或残疾的人康复。

（4）按康养旅游目的地地理位置划分，全球康养旅游市场已被划分为欧洲、中东、非洲、南美和北美，以及亚太地区等六个市场。在预测期间内，亚太地区康养旅游市场将以最高的CAGR速度增长。此外，北美在未来康养旅游市场中也占有重要的市场份额。人们对焦虑、抑郁和肥胖的担忧日益增长，这将鼓励北美客户选择不同的健康服务，从而对整个地区市场的增长产生积极影响。

（三）世界康养旅游发展热点区域

康养旅游主要集中在北美、欧洲和亚太地区的几个国家。2017年排名前五的国家（美、德、中、法、日）康养旅游消费占全球市场的59%，仅美国一国就占全球收入的1/3以上（见图2）。预计到2022年，康养旅游业的年平均增长率为7.5%，远高于整体旅游业预计的6.4%的增长率。到2022年，康养旅游收入将达到9190亿美元，每年将进行12亿次康养旅行。关注新兴市场：到2022年，超过一半的支出增长（以及3/4的康养旅行增长）将发生在亚太地区、拉丁美洲加勒比地区、中东北非和撒哈拉以南非洲地区。

1. 亚太地区康养旅游发展情况

亚太地区的康养旅游市场是全球增长速度最快的市场。亚太地区拥有强大的康养基础，精神和整体服务是该地区最重要的康养旅游服务。自2013年以来，中国和印度在康养旅游市场的排名上都迅速上升：中国从第11位跃升到今天的第3位，印度从第16位上升到第7位。亚太地区其他国家的康养旅游市场也有显著增长，如菲律宾的康养旅游市场每年增长31%，马来西亚增长29%，越南增长23%。

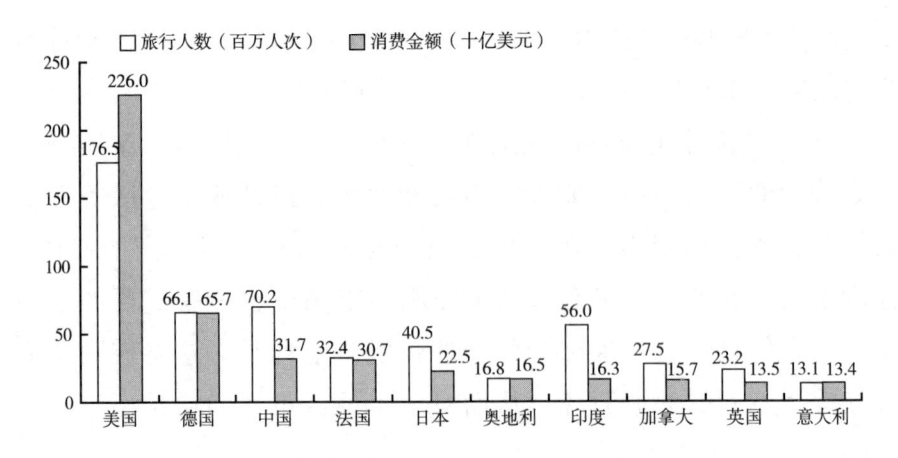

图 2　2017 年主要国家康养旅游人数及消费金额

国家	旅行人数（百万人次）	消费金额（十亿美元）
美国	176.5	226.0
德国	66.1	65.7
中国	70.2	31.7
法国	32.4	30.7
日本	40.5	22.5
奥地利	16.8	16.5
印度	56.0	16.3
加拿大	27.5	15.7
英国	23.2	13.5
意大利	13.1	13.4

资料来源：GWI 前瞻研究院整理。

在印度、泰国和马来西亚等国家，蓬勃发展的旅游业是该地区康养旅游市场的主要驱动力。全球酒店和度假企业的持续扩张，也为该地区康养旅游的市场增长做出了贡献。特别是千禧一代可支配收入的增加和对健康活动偏好的增加，推动了亚太地区康养市场的增长。在预测期内，旨在吸引越来越多国际游客的支持性政府政策和措施将继续刺激亚太地区康养旅游的市场增长。例如，2019 年 6 月，马来西亚旅行社协会（MATTA）与马来西亚温泉协会（AMSPA）合作，为会员促进马来西亚康养旅游创造有利条件。可支配收入和生活水平提高，进一步支持了该地区对健康服务的高需求。印度被认为是增长最快的医疗旅游目的地之一。

2. 欧洲康养旅游发展情况

欧洲的康养旅游有着深厚的历史渊源，欧洲人是较为成熟的健康消费者。欧洲每年的康养旅游人次是全球最多的，高达 2.92 亿次。在欧洲的中欧和东欧地区，基于健康和生活方式的服务很重要，医疗服务仍然主导着市场；在西欧地区，休闲和水疗中心很受欢迎，健康酒店主导着康养旅游市场；北欧地区非常重视健康和生活方式的服务，有大量休闲和水疗中心；南欧康养旅游中，康养酒店和水疗中心占据主导地位。

在各个地区中，欧洲是游客最多的保健旅游目的地。自从几年前康养旅游成为主流消费意识以来发展飞速。企业和政府正在康养产品、体验和目的地方面投资制订新的战略，健康、好客和旅行正以不同的方式融合在一起。在企业尝试新的合作伙伴关系和商业模式的过程中，出现了前所未有的途径帮助旅行者将健康融入旅行的方方面面。

3. 北美康养旅游发展情况

美洲地区的康养旅游以休闲和娱乐温泉为主，北美非常重视以温泉和健康酒店为基础的健康生活方式。2013年，美国50个州中只有8个州推出了康养项目，到2019年超过1/3的州在其官方旅游网站上推广多种形式的康养旅游。在美国，康养旅游的发展集中于休闲娱乐温泉和健康酒店，通过涉及健康的日常生活方式来吸引游客，为寻找放松和乐趣的游客提供广泛的设施和服务。例如美国黑莓牧场，整合多种生活方式，集住宿餐饮、休闲娱乐、观光游览、健康养生等功能于一体，充分满足游客的多方面需求。通过设计品酒节、农园种植、体育运动、户外挑战等多种体验性活动，增强游客体验感。在康养方面，这里拥有美国最好的农庄SPA，根据不同人群的护理特点，可以提供缓压、抗衰老等疗法，以及按摩服务，使游客体会到康养旅游的乐趣。

二 世界康养旅游发展趋势

近几年来，康养旅游景气度走高，新业态发展潜力加速释放。在COVID-19大流行期间，康养旅游增速是一般旅游业的两倍以上。越来越多的游客愿意通过康养旅游改善他们的健康状况，从而提高他们的生活质量。康养旅游作为旅游的新业态、新模式，满足了消费者对健康养生的多元化需求，成为未来旅游行业发展的趋势。

（一）大数据引领健康产业发展，共享医疗预约成为趋势

世界卫生组织提出《数字健康战略（2020~2024）》，数字技术的战略性和创新性应用将确保更多的人受益于"全民健康覆盖"。疫情极大提高了人们对健康相关技术的兴趣。据风险投资公司（Venture Capital）的消息，2020年上半年，仅行为健康科技（Behavious Health Tech，即专注于预防保健和健康生活方式）就筹集了5.88亿美元的风险投资。在过去的10年里，医疗保健行业正以惊人的速度增长，并在数量、速度和多样性方面生成了大量数据。医疗保健中的大数据方法不仅可以增加业务价值，还能促进医疗服务的改进。

大数据是指能够根据数据趋势进行计算和预测分析的海量数据。近几年，大数据分析在医疗领域的应用显著增加，医学成像是其中的一个重要方面[1]。使用大数据分析可以有效地改进疾病监测，例如可以对X射线、CT扫描、MRI等获得的各种医学图像数据进行评估，以更好地识别疾病和必要的预防与治疗方法，从而做出关键决策。

随着大数据技术的有效应用，共享医疗预约快速发展[2]。共享医疗预约是指为了减轻卫生系统的压力，让具有类似病情的患者一起咨询他们的医生。提供共享医疗预约服务的供应商提到，生产力提高，可获得的服务范围扩大，等待时间缩短，医疗效果更好。许多国家越

---

[1] Renukadevi N. T., Saraswathi K., Nandhinidevi S. Survey of Big data Analytics in Medical Imaging. 2016.

[2] K. Ramdas, Swaminathan S. Patients could share virtual medical appointments for better access to telemedicine [J]. Nature Medicine, 2021, 27 (1): 14–16.

来越多地将数字技术应用到共享医疗预约中，提高了现有远程医疗平台的容量，缓解了医疗供给和医疗需求之间的矛盾。

（二）能量医学逐渐兴起

科学研究人员在对西医和古代医学（中医，阿育吠陀）的研究中发现，人体是一个由电磁频率和光波组成的复杂生物厂，该生物厂是我们身体和精神功能的控制中心。未来的医疗和健康领域，将通过新工具和新技术优化人类能量场，以预防疾病和促进健康。

在超网络化的世界里，电磁污染将是新的公共卫生问题。随着5G网络的普及，人类受电磁频率的"轰炸"日益频繁。未来，诸多保护人类免受生物电磁污染的解决方案将大量涌现，更多的康养旅游目的地将走向"高能"：提供更多古老的能源药物、更多尖端的能源技术，以干预电磁、光和声音。例如建筑师所设计的家庭、学校和工作场所，更加关注保持健康的人类能量场。健康度假村和房地产开发商已经开始采取行动：在德国的斯蒂芬妮别墅（Villa Stephanie），只需轻按按钮就可以将房间的电磁和Wi-Fi阻断；特隆太平洋的豪华住宅在卧室墙壁安装了屏蔽电缆，以防客人暴露在电磁场中。

（三）"健康休假"持续升温

随着时代的快速发展，工作变得"永不停歇"，人们的休息时间大幅缩短：从几十年前欧洲常见的为期三周的"吃库尔酒"变成今天的周末假期。现实是很多人迫切需要深度的健康休息，人们开始憧憬"工作＋健康"的休假模式。由此产生一个新的旅游概念：健康休假，它是指在康养旅游目的地积极地、创造性地把工作和健康融合在一起。在健康休假期间，人们每天既被安排有效的工作时间，又被安排丰富的日常健康体验（如健康的食物、运动、睡眠、人际关系等）。健康休假强调至少持续三个星期，因为这是改变生活方式和精神重置的最佳时间段。

泰国的卡玛拉雅酒店（Kamalaya）新推出一项福利休假计划（它最少停留21天），其特色是每天的康复体验是围绕客人的工作日程灵活设计的。印度的Vana推出了为期30天的健康休假计划，其间人们既可以办公又能享受健康服务，这意味着，你在预约了一位康复医生后，还能召开一次电话会议。在墨西哥的普尔塔牧场，高管们入住的是配有私人游泳池和办公室的疗养院，他们在工作的同时，可以沉浸在365度的健康服务中。

"健康休假"的核心就是把工作与健康融合在一起。"健康休假"概念在未来将影响到数百个旅游目的地，预测将会有更多的顶级健康度假村，把1~2周的住宿时间，扩展到21天灵活的工作健康休假。

（四）生育保健日益流行

未来，游客对生育保健类健康旅游的兴趣日益浓厚，康养旅游目的地也将更加关注生育保健领域。在过去的几年里，生育保健领域在多个方面取得了巨大进步：各种应用程序、经期追踪器、平台和可穿戴设备大量涌现；许多国家扩大了医疗保险范围，将试管受精纳入其中；硅谷资助了一些初创企业，试图解决影响男女生育能力的问题。

今天的消费者是寻求体验和情感幸福的产品消费者，因此生育保健领域既致力于帮助人们增加受孕机会，又试图让受孕过程愉快。未来，让人望而生畏的生育诊所将焕然一新，试管受精等治疗就像水疗体验，让人享受愉快的服务。此外，生育保健还包括"婴儿期"旅游。"婴儿期"旅游为了让孕妇放松身心，一般会避免长途旅行、避免压力，会考虑医院的距离和菜单的适宜性等方面。最典型的"婴儿期"旅游住宿是选择海滨综合楼、健康酒店和乡村山区，旅游套餐包括按摩服务、豪华住宿、产前培训、浪漫晚餐、产前治疗等。

（五）心理健康技术将成为主流

心理健康是一个广泛的范畴，既包括精神疾病和神经系统疾病，也包括焦虑、压力和绝望等新范畴。目前，心理健康治疗的最大障碍仍然是耻辱感、时间、成本和可用性，相关技术的应用将有效应对这些问题。

硅谷发布了一系列心理健康数字解决方案，以确保更多的人得到谨慎和灵活的护理。目前市场上有近1万个心理健康应用程序。Talk Space等价格合理的虚拟治疗应用程序使患者能够根据自己的日程表合理安排与专业顾问进行电话、短信和视频电话会议的时间；聊天机器人是按需收听的朋友。可穿戴设备可以全天监控用户的生理信号，以防止危险的发生。一些初创企业甚至将心理健康游戏化，如近100万人玩过的Super Better，该应用程序让玩家通过在紧张的环境中坚持下来、完成呼吸练习和改掉坏习惯来累积积分。

未来，消费者对心理健康治疗的接受度以及对自我保健的兴趣大幅提高，心理健康技术将成为主流，无论是心理医疗领域还是初级保健领域，远程医疗的普及率将大幅上升。

（六）可持续性将成为健康旅游的关键标准

随着游客对绿色、生态、可持续的健康旅游产品的重视度提升，可持续性逐渐成为健康旅游的一种规范和关键标准。因此在健康旅游业的发展、规划和管理中采取可持续的方法是非常重要的。健康旅游的许多子类别是以可持续性为基础的。

（1）生态友好是健康酒店的常态，大多数健康酒店必须拥有更具吸引力的"绿色政策"，游客们期待酒店使用可再生能源和低碳环保材料。

（2）设计更多的运动元素。倡导健康旅游目的地设计具有吸引力的人行道、行道树、长凳、自行车道/停车场。在室内设计新颖且位置优越的楼梯，引导人们远离电梯。

（3）提倡积极健康的生活方式。完善基础健康设施，使各个年龄段和收入水平的人都能广泛享用，如健身中心、体育和娱乐设施、养生课程和节目。

（4）利用大自然的力量改善人类的精神和心理健康。通过仿生设计和打造充足的绿色/开放空间增强人们的认知能力和积极情绪，促进康复，减少压力、攻击性和消极情绪。

（七）健康地产助力打造健康社区

现在很多人意识到，居住环境会影响我们的健康。早在新冠肺炎疫情暴发之前，对健康决定因素的研究表明，导致疾病风险的80%~90%是由外部因素和环境因素造成的。一个以健康为中心的建筑环境有益于我们的健康和福祉，所以要尽量减少环境对人类健康的不利影响。健康房地产和社区主要通过以下重要方式帮助人们减轻环境的有害影响。

（1）减少接触有毒元素。一是过滤空气和水中的污染物；二是尽量减少有害材料和物质在家中的使用（例如油漆、阻燃剂、密封剂、地板和绝缘材料）。

（2）通过健康的照明和隔音促进更好的睡眠、休息和减压。

（3）追求生态环保。如使用可回收的、天然的或可持续的建筑材料，增加本地植物绿化面积，避免在社区内使用化肥和杀虫剂。

此外，健康房地产通过鼓励社交打造健康社区，因为社交可以对抗孤独感，增强人们的社区感、地方感和归属感等积极感受。鼓励社交的设计有助于营造社区意识，许多规划、分区和设计元素已经被证明可以鼓励更多公众聚集、自发会面和社会交往。如混合使用空间、住房多样性、更高密度、有限的街道退让、战略位置的停车场和公共交通、步行学校和社区便利设施、公共广场和公园等。

（八）健康音乐萌发并成为一种趋势

科学研究表明音乐对情绪、焦虑和疼痛有着巨大的影响。现在音乐治疗方法正在被新技术彻底革新。"健康音乐"萌发，并逐渐成为健康领域最热门的趋势之一。

主流音乐产业正转向"健康音乐"，Spotify 等大型流媒体网站上的健康音乐播放列表（减压、睡眠等音乐）激增。音乐艺术家们将各种各样的健康元素融入他们的音乐会中，如集体音响浴、冥想、芳香疗法。"健康"正在成为一种超越艺术家或流派的新的倾听方式。

"生成性"音乐的兴起表明，应用程序可以提取你的生理、心理和情绪数据，为你量身定做，随时改变音景，改善你的心理健康。冥想应用程序正在演变为健康音乐应用程序。新的播放器 Wave 摒弃了旧的低语，引导冥想的全健康音乐平台，结合振动摇枕，提供多频率冥想。大型冥想应用程序 Calm 逐渐发展为"健康音乐"平台。"睡眠"频道最受欢迎，其特色是把摇滚明星创作的作品设计成成人摇篮曲。

未来的康养旅游目的地，将打造一批健康音乐和声音体验项目。健康度假村已经推出了诸多音响浴，这些声音体验将影响健康旅行。"深度倾听大自然"具有很大的发展前景。亚马孙的厄瓜多尔雨林的"交互式声音之旅"，会让你恢复失去的动物警觉、360 度听觉，还能通过"深度倾听练习"来识别你周围自然的"鼓声、小提琴、雨滴和合唱"。

（九）从"关注睡眠"到"关注生理健康"

近几年，我们受到了一系列普通睡眠产品的冲击。智能床垫、冥想睡眠头带、睡眠疗养院、睡眠补充剂以及"睡眠冰激凌"的陆续出现，推动了4320亿美元的"睡眠经济"。但我们仍然觉得睡不好，是因为我们的现代生活和大多数的睡眠解决方案违背了生物规律。

人类进化到对太阳的24小时周期极度敏感。生物钟科学的基础是，有规律的光/暗周期是我们每天重置生物钟所需的每日"时间线索"。我们的昼夜节律控制着我们身体中的每一个系统：从我们的睡眠/觉醒周期到我们的免疫和新陈代谢系统。但今天人类已经在自然太阳时间和我们的社交时间之间产生了根本脱节：黄昏后我们用越来越亮、令人上瘾的电子产品屏幕发出的蓝光来刺激我们的大脑，结果是生理周期和睡眠被中断。

未来的健康状况将发生重大变化：人们不再关注针对睡眠的解决方案，而更强调生物钟的健康优化，这样不仅有益于睡眠，还能促进由生物钟控制的大脑/身体系统的恢复。越来越多的人倾向购买可调亮度的灯泡，把昼夜节律的照明带到家里，在白天自动发出明亮的蓝光，在黄昏时发出更暗、更温暖的光。酒店、健康度假村和航空公司将为游客提供所有能想象到的便利设施。现代康养旅游将超越睡眠按摩，科学的生物钟将改变康养旅游业。

三 康养旅游国际经验借鉴与建议

随着中国经济社会的发展和人民生活水平的提高，人们对健康和身体素质的需求不断增加。与此同时，中国即将进入老龄化社会，老龄化问题日益严重。这些都为康养旅游提供了巨大的市场。目前，我国70%的人处于亚健康状态，15%的人处于疾病状态，加上17%的60岁以上老年人口，未来10年，各种慢性病将以爆发式的速度蔓延到每个家庭。世界卫生组织的数据显示，中国人均卫生支出不到美国的5%，差距甚至大于全球人均卫生支出的1/5。因此，中国的大健康产业有很大的发展潜力。

康养旅游业的发展不仅是旅游市场消费需求升级和旅游业转型的必然结果，也是新时期内外环境变化的必然趋势。然而，我国健康旅游业在快速发展的过程中，经常出现特色不明显、布局不合理、项目盲目跟进、资源与健康匹配度低等问题。国外许多国家的健康旅游已经逐渐成熟，为我国康养旅游的发展提供了经验借鉴。本文在分析了世界康养旅游发展的现状和趋势后，结合我国的实际，提出了以下五点建议。

（一）加快培育康养旅游新业态

随着人们对美好生活的向往越来越强烈，国民对健康旅游产品的需求也越来越大。国务院发布的《健康中国2030》纲要指出，要加快培育健康旅游新业态、新模式。在"健康中国"的国家战略下，健康产业进入了快速发展的黄金时期，成为新常态下经济增长的重要引擎。

发展康养旅游，要积极推动康养旅游与休闲农业、体育、医疗、养老的融合创新，促进健康旅游新业态的出现和拓展，使其迸发出新的活力。一方面，依托当地优质自然资源，开发多元化的康养旅游项目和产品，如健康小镇等，走各具特色的发展道路；另一方面，大力发展康复疗养旅游、中医健康旅游、高端医疗旅游等旅游新模式，通过产业融合促进地方经济快速发展。

（二）推进康养旅游数字化进程

随着科技的飞速发展，云计算、人工智能、物联网、大数据等新技术层出不穷，改变了康养旅游业的供给和消费方式，推动了康养旅游业的转型升级。一方面，新技术广泛应用于医疗卫生领域，它不仅带来了新的诊疗模式，如精确体检、干细胞治疗、心脏搭桥手术等，也加速了健康游客的医疗卫生数据的采集和整合。另一方面，随着美容健身、康复抗衰老和体育健身器材的出现,健康旅游的服务质量将不断提高。

此外,数字化战略也带来了巨大的发展机遇。康养旅游产业数字化应用仍有很大的提升空间,这将是未来发展的重要机遇。这些机遇主要表现在智慧健康服务应用系统上,如VR、AR等信息技术的运用,可以提升健康旅游产品的展示效果,吸引更多的消费者;依托智能网络,构建基于云平台、健康知识库、健康智慧专家的数字化网络。数字化服务不仅可以提高医疗卫生服务质量,降低服务成本,还成为中国医疗卫生行业追赶世界的超车通道。

(三)选择因地制宜的开发模式

我国各省市应根据自身资源特点和产业现实选择不同的开发模式来发展康养旅游,打造一批独具特色的康养旅游示范区。一是资源驱动型健康旅游发展模式,依托资源优势,延伸森林浴、温泉浴、日光浴等产品线,打造功能性复合度假区;二是文化驱动型模式,以区域的传统养生文化为基础,打造区域文化品牌;三是资本驱动型模式,适用于经济发达地区和旅游市场基础较好的地区;四是在现有成熟旅游的基础上整合发展模式,整合健康元素;五是跨界融合型发展模式,在现有成熟旅游的基础上,整合健康要素;六是转型发展模式,适合健康旅游发展相对成熟的地区,需要科技助推健康旅游转型升级。

不同发展模式的共同之处在于,中国各省市有效嫁接和整合了地方优势与健康旅游,实现了健康旅游的创新发展,从而探索出许多富有活力和特色的地方健康旅游发展路径。

(四)开发多元化与个性化康养产品

全球健康研究调查显示,女性游客热衷于SPA、美体和温泉等健康旅游服务;男性游客喜欢冒险设施和水疗;年轻人对探险和生态健康设施的需求越来越大；老年人更喜欢森林暑假、海岛避寒、乡村度假等候鸟式养生旅游产品；单身人士偏爱基于健康和生活方式的服务，如水疗、休闲和娱乐设施；家庭将继续对健康酒店和娱乐服务表现出浓厚的兴趣。随着千禧一代消费者数量的增加，个性化在康养旅游变得更加重要。个性化、年轻化和时尚化将成为未来康养旅游消费的新趋势。

随着康养旅游业的进一步发展，游客的喜好也在不断变化，他们希望寻求新颖独特的旅游体验。未来的康养旅游应关注各个细分市场的需求，在满足一般需求的基础上，实施多元化、个性化的健康旅游产品开发策略，满足不同群体的需求。

（五）打造高端康养综合体

康养综合体模式是以大健康产业和旅游度假产业为主导的带动区域综合发展的模式。该模式以东西方健康理念和东西方健康理疗技术为支撑，构建健康产业链和旅游度假产业链两个产业体系，打造长寿、健身、修身、理疗、保健、生活方式体验、文化体验七大健康主题，形成健康的地域生活方式。

中国的康养旅游需要以独特的方式定位自己，才不会在竞争环境中"消失"，这就需要开发独特的、有象征意义的产品和服务。未来中国康养旅游市场将涌现出大量新兴的、跨界的、融合的健康产品和服务，这将促进中国康养旅游的发展。建设高端康养综合体需要加强产业联动和跨界融合。康养旅游业一方面应与旅游观光、体育、度假和研学相结合，形成旅游新业态；另一方面康养旅游要与医疗产业、养老产业、绿色有机农业等地方相关产业进行跨界融合，构建"旅游+医疗""旅游+养老"等一系列"旅游+"模式，营造康养旅游在各地蓬勃发展的生动局面，为康养旅游的融合发展奠定坚实基础。

参考文献

Renukadevi N. T., Saraswathi K., Nandhinidevi S. Survey of Big data Analytics in Medical Imaging. 2016.

K. Ramdas, Swaminathan S. Patients could share virtual medical appointments for better access to telemedicine [J]. Nature Medicine, 2021, 27 (1): 14-16.

中国康养旅游发展概况及趋势

侯满平　李贝贝　贾润发　田　野*

康养旅游作为新兴的旅游形式，逐渐成为大众旅游的常态模式之一，甚至已经成为人们新的生活方式。康养旅游的出现是社会发展的必然趋势，相较于传统旅游来说是更高层次的休闲活动形式，是人们满足基本的物质生活之后在精神层面追求的深度体验，反映出的不仅仅是人们对生活质量的追求，更是对身体健康以及生命质量水平提升的诉求。康养旅游作为两大热点产业（大健康产业和旅游产业）的复合型产业，有着广阔的发展空间，并且受到医疗、地产等多个行业的关注。其有功能明确、目的地独特、服务专特及参与人员专业四大特性。尤其在新冠肺炎疫情暴发之后，依托环境和生态优势，以健康为主题、向康养旅游转型的旅游模式将成为一种新的选择。康养旅游小镇、康养民宿、康养酒店、康养农业园区和康养花园等健康旅游载体建设，以及其他以健康为主题的旅游产品、旅游线路和旅游服务项目开发等，定会成为新一轮旅游发展的趋势，也会成为旅游领域发展的新高潮。

---

* 侯满平，博士，合作博导，河北东方学院副教授，北京第二外国语学院中国文化和旅游产业研究院特聘研究员，研究方向为文化与旅游产业规划、乡村田园规划及"三农"领域等；李贝贝，天津农学院经济管理学院硕士研究生，研究方向为休闲农业与乡村旅游；贾润发，天津农学院经济管理学院硕士研究生，研究方向为休闲农业与乡村旅游；田野，天津农学院经济管理学院硕士研究生，研究方向为休闲农业与乡村旅游。

一 中国康养旅游的发展历程及相关政策

（一）发展历程

康养旅游之概念来源于欧洲的温泉旅游，国内近年来各地在大力开发温泉疗养旅游、森林康养旅游、田园花海康养旅游，及其他各种形式的养生旅游等。在城市的快节奏生活中，环境污染、城市病、都市压力、慢性疾病、老龄化社会等种种现实困境迫使人们寻求更为健康的生活方式，康养旅游已受到高度关注并在快速发展中，民宿行业也开始进入了康养旅游发展中。在行业实践的同时，各相关高校、研究机构及咨询机构等的专家、学者也开始关注并研究康养旅游的理论，且取得了一些阶段性成果。

总体而论，到目前为止，我国康养旅游发展与我国旅游业发展进程相一致，经历了三个阶段（见图1）。

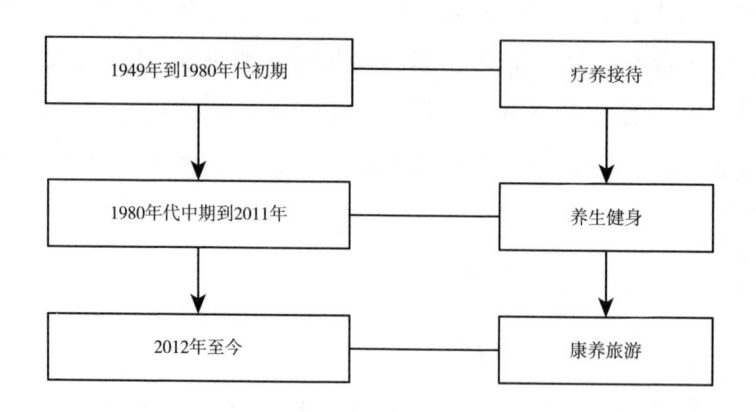

图1 中国康养旅游发展历程

1. 萌芽阶段——疗养接待

这一阶段以行政事业疗养接待为特色，从1949年新中国成立至

1980年代初期。这一时期也是我国旅游业起步阶段,其以疗养接待为特色,主要是全国各级工会系统开办疗养院(所),严格意义上说不能作为康养产业范畴。主要有温泉疗养、森林疗养、滨海湖疗养等,以公有性质为主,亦有少量民营性质疗养场所,到1982年底全国各级各类疗养院、休养所合计达5931家、床位87794张。

2. 发展阶段——养生健身

自1980年代中期至2011年,随着我国改革开放的全面展开,我国旅游业也开始进入了初步发展阶段。康养旅游产业也随着旅游业的发展而壮大。国家对疗养业开始推行市场化,经营机制也开始发生较大的转变,由公有制向多种所有制转变,业态以养生、度假、康复、保健、体检等综合化服务为主,康养旅游服务以老年观光旅游、健康服务为主,产品类型单调,全国规模偏小,民众的康养意识还没有被激发。

随着我国进入全面开放并与世界经济接轨,我国社会经济进入了快速发展的轨道,市场经济发展较为成熟,旅游业也获得了良好的发展时机,其发展方式也由原来较粗放式转向集约式发展。国内康养旅游产业呈现多元化、专业化发展特征,涵盖餐饮业、房地产业、旅游与酒店业、医疗与养生业、教育文化业等相关领域,还衍生了一些相关产业领域,一些大品牌公司也积极参与康养旅游或养生产业领域中。康养旅游的业态涵盖了温泉康养旅游、森林康养旅游、中医药康养旅游和体育健身旅游等。

3. 快速发展阶段——康养旅游

自2012年至今,我国康养旅游进入快速发展期。自2012年攀枝花率先提出发展"康养旅游"以来,全国各地都在快速推进这一产业,四川洪雅县首先在县政府机构成立了第一家康养旅游产业办公室,吉林森工集团成了中国第一家康养旅游集团,其他地区也在快速跟进中。2013年国务院发布了《促进健康服务业发展的若干意见》(国发〔2013〕40号),2016年国家旅游局发布了《国家康养旅游示范基地标准》（LB/T051－2016），其他各相关部委、省市也相继出台一系列的鼓励政策，国内康养旅游正式进入规范化全新发展时期。目前，我国已评出近50多家国家康养旅游示范基地。国内目前康养旅游产品数量多、种类齐全。鉴于中医药在疫情防控中发挥的作用，各地建设了一批以中医药为特色的康养旅游点，同时，民宿康养旅游也在火热发展中。特别是南方省市较多，如江西、湖北等省尤为突出。全国康养旅游产品整体上质量还偏低、产品特色不明显，吸引力不够强，大多数产品仍以休闲观光旅游为主，缺乏康养功能与特色。

（二）近年来国家相关标准及相关政策

当前，国家相关部门大力支持康养旅游的建设和推进工作，出台了一系列政策制度。2013年以来，国务院先后出台了《关于加快发展养老服务业的若干意见》《关于促进健康服务业发展的若干意见》《国务院关于促进旅游业改革发展的若干意见》等指导性文件，为康养产业奠定了发展基础。2015年后国家对人民健康问题高度重视，相继出台了关于康养产业的支持性、引导性政策。2016年康养旅游迎来了首个规范性文件——《国家康养旅游示范基地标准》，发展渐成气候，之后每年国家层面都有相关政策出台（见表1）。

表1 国家促进康养旅游发展的相关政策汇总

发布时间	政策名称	相关内容
2014年12月	《国务院关于促进旅游业改革发展的若干意见》	积极发展休闲度假旅游。发挥中医药优势，形成一批中医药健康旅游服务产品；发展特色医疗、疗养康复、美容保健等医疗旅游；结合养老服务业、健康服务业发展，积极开发多层次、多样化的老年人休闲养生度假产品

续表

发布时间	政策名称	相关内容
2015年8月	《国务院办公厅关于进一步促进旅游投资和消费的若干意见》	大力开发温泉、滑雪、滨海、海岛、山地、养生等休闲度假旅游产品。积极发展中医药健康旅游,推出一批以中医药文化传播为主题,集中医药康复理疗、养生保健、文化体验于一体的中医药健康旅游示范产品。在有条件的地方建设中医药健康旅游产业示范园区,推动中医药产业与旅游市场深度结合
2016年1月	《国家康养旅游示范基地标准》	对康养旅游的含义进行界定,对康养旅游基地建设的必备条件、基本要求、康养旅游核心区基本要求、康养旅游依托区基本要求等进行规定
2016年2月	《关于启动全国森林体验基地和全国森林养生基地建设试点的通知》	森林体验和森林养生是新时期全国森林旅游发展的重要新业态,开展全国森林体验和森林养生基地试点建设是促进森林体验和森林养生事业规范、有序发展的重要途径。试点建设的基本原则是,立足于发挥资源与环境的各种优势,突出当地特色,打造功能完整的森林体验和森林养生产品
2016年4月	《中国生态文化发展纲要（2016～2020年)》	以国家级森林公园为重点,建设200处生态文明教育示范基地、森林体验基地、森林养生基地和自然课堂;推进多种类型、各具特色的森林公园、湿地公园、沙漠公园、美丽乡村和民族生态文化原生地等生态旅游业,健康疗养、假日休闲等生态服务业建设;推动与休闲游憩、健康养生、科研教育、品德养成、地域历史、民族民俗等生态文化相融合的生态文化产业开发,加强基础设施建设,提升可达性和安全性

续表

发布时间	政策名称	相关内容
2016年5月	《林业发展"十三五"规划》	到2020年,我国林业发展的主要目标之一:森林年生态服务价值达到15万亿元,林业年旅游休闲康养人数力争突破25亿人次。此外,加快产业优化升级,做大做强森林等自然资源旅游,大力推进森林体验和康养发展,发展集旅游、医疗、康养、教育、文化、扶贫于一体的林业综合服务业。加大自然保护地、生态体验地的公共服务设施建设力度,开发和提供优质的生态教育、游憩休闲、健康养生养老等生态服务产品。林业产业建设工程:到2020年,各类林业旅游景区数量达到9000处,森林康养和养老基地500处,森林康养国际合作示范基地5~10个
2016年10月	《"健康中国2030"规划纲要》	发展健康服务新业态,积极促进健康与养老、旅游、互联网、健身休闲、食品融合,催生健康新产业、新业态、新模式。积极发展健身休闲运动产业,鼓励发展多种形式的体育健身俱乐部,丰富业余体育赛事,积极培育冰雪、山地、水上、汽摩、航空、极限、马术等具有消费引领特征的时尚休闲运动项目,打造具有区域特色的健身休闲示范区、健身休闲产业带
2017年	《中共中央国务院关于深入推进农业供给侧结构性改革加快培育农业农村发展新动能的若干意见》	大力发展乡村休闲旅游产业,利用"旅游+""生态+"等模式,推进农业、林业与旅游、教育、文化、康养等产业深度融合
2018年	《中共中央国务院关于实施乡村振兴战略的意见》	实施休闲农业和乡村旅游精品工程,建设一批设施完备、功能多样的休闲观光园区、森林人家、康养基地、乡村民宿、特色小镇。增加农业生态产品和服务供给,加快发展森林草原旅游、河湖湿地观光、冰雪海上运动、野生动物驯养观赏等产业,积极开发观光农业、游憩休闲、健康养生、生态教育等服务。创建一批特色生态旅游示范村镇和精品线路,打造绿色生态环保的乡村生态旅游产业链

续表

发布时间	政策名称	相关内容
2019年	《中共中央国务院关于坚持农业农村优先发展做好"三农"工作的若干意见》	发展乡村新型服务业，充分发挥乡村资源、生态和文化优势，发展适应城乡居民需要的休闲旅游、餐饮民宿、文化体验、健康养生、养老服务等产业
2019年	《关于促进森林康养产业发展的意见》	阐述了发展森林康养产业的重要意义，对其含义进行界定，提出了发展森林康养产业的总体要求、主要任务、保障措施等

资料来源：根据国家相关部门资料整理汇总。

二 中国康养旅游发展现状及市场需求特征

（一）中国康养旅游发展现状

健康养生一直是人类追求的目标，我国最早的养生理论出现在《黄帝内经》中，但我国康养旅游的发展起步较晚，整体上来说还处于初级阶段，发展比较成熟的康养旅游目的地较少。据统计，我国养生旅游占旅游交易规模的1%左右，2015年中国旅游市场总交易规模为41300亿元，康养旅游的交易规模约为400亿元，2015~2020年，我国康养旅游的市场规模呈现快速增长的态势，年复合增长率达到20%，2020年市场规模达1000亿元左右[1]（见图2）。新冠肺炎疫情更加突显了康养旅游的重要性，市场信息也显示了康养旅游强大的刚需，2020年传统旅游几乎关闭停业，但暑假及五一、十一节假日一些大中城市周边乡村民宿康养旅游异常火热，这足以说明康养旅游市场的前景看好。

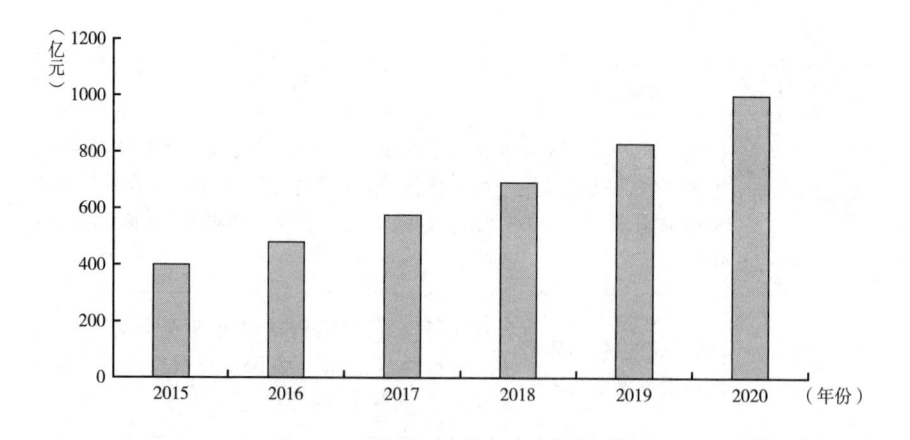

图2 2015~2020年中国康养旅游市场规模

（二）康养旅游的市场需求特征

在经济高速发展、人们物质生活水平不断提高的社会发展过程中，快节奏的生活、工作压力的增大、作息不规律等一系列问题导致亚健康的人数不断增多，一些疾病年轻化的现象不断出现，加上我国老龄化速度的加快，发展健康产业正当其时，融合时下火热的旅游产业，康养旅游应运而生。目前康养旅游作为国家的一项发展战略，市场需求量大增。

1. 居民康养旅游的意愿空前增加

随着城市的高度发达，城市中的绿色健康空间、生态环境资源、日常生活空间及山水森林田园等有利于健康的资源几乎成为极其稀缺甚至是奢侈的资源，到乡村中去，到森林中去，到绿色空间中去享受生活，已成了城市人们节假日的主要生活方式，康养旅游满足了这一强大刚需，适应了这一时代潮流。

国家统计局数据资料显示，近十年来我国GDP年均增长率超过9%；人均可支配收入从2013年的18311元增长至2019年的30733

元，年均增长率为9.01%。依据马斯洛需求层次理论，当较低层次的需求得到满足时，人们会趋向于追求更高层次的需求。因此，在社会经济快速发展下，人们收入水平得到了提高，生活水平以及消费水平自然而然也在提高，消费观念就会有很大的转变，人们不再简单的满足于温饱，而是对美好生活的向往，尤其在新冠肺炎疫情的影响下，"健康、幸福、长寿"成为多数人追求的目标，人们在健康产业的消费比例会大大增加。同时，在旅游已经成为每个家庭必不可少一部分的时代背景下，"康养+旅游"的模式更是受到大家的青睐，越来越多的人愿意去体验放松，康养旅游呈现出大好的发展前景。

2. 准老龄化社会结构正在形成

按照联合国的划分标准，我国已经进入老龄化社会，但我国老龄化平均年龄较之发达国家偏低。国家统计局公布的相关资料显示，我国老年人口所占比例正在持续增长（见图3）。截至2019年年底，我国60岁及以上人口数量为25388万人，占18.1%；其中，65岁及以上人口为17603万人，占11.47%。与2018年年底相比，60岁及以上人口增加439万人，增长0.25个百分点；65岁及以上人口增加945万人，增长0.64个百分点[2]。第七次全国人口普查相关数据显示，我国60岁及以上人口为26402万人，占18.70%；65岁及以上人口1.9亿人，人口比重达13.50%[3]。一般来说，老年人在医疗健康以及护理方面的支出与人口结构成正比关系[4]。所以在我国老龄化速度加快，相关的社会保障制度不断完善的背景下，老年人群物质生活水平逐渐提高，健康意识不断增强，康养产业必将迎来黄金发展期，康养市场的消费规模也会进一步扩大。而养老旅游、医疗旅游、养生旅游等作为康养旅游的细分项目，提供的服务更加符合老年人的需求，是未来旅居养老生活方式的选择之一，也是提高老年人生活质量的方式之一。因此,养老产业巨大的市场潜力,可推动康养产业的进一步探索发展。

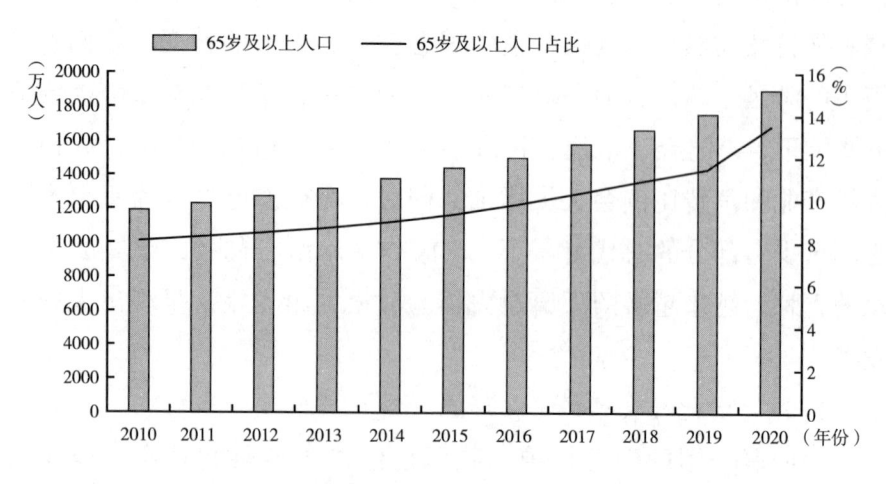

图3　2010~2020年中国65岁及以上人口数量及占比

3. 低龄化亚健康人数不断增多

亚健康是当今社会人类健康问题中难以解决的,它主要产生于工作、生活等多方面的压力。亚健康状态的人群虽然没有明显的疾病,但是精神状态、身体活力会明显下降,易出现失眠、乏力以及疲惫等症状。根据2019年国家卫健委公布的《健康中国行动(2019~2030)》,我国亚健康人群占总人口的比例高达75%。可以说,亚健康是阻碍国民身体素质健康发展的重要原因之一。现如今,人们已经逐渐意识到合理的工作安排以及健康的生活方式对提升生命质量有着积极作用,所以,越来越多的人开始倾向于参加以提高健康水平为目的活动,渴望缓解工作压力,远离快节奏的城市生活去美好的旅游目的地享受慢生活。而康养旅游作为一种健康的生活方式不仅是经济快速发展时代的重要产物,还在一定程度上会因其良好的环境氛围、健康的放松锻炼和养生习惯达到预防和治疗亚健康的效果。

三 中国康养旅游区域布局及发展模式

（一）中国康养旅游区域布局

资源禀赋是影响康养旅游发展的基础条件。从我国康养旅游资源的整体分布特点来看：东部地区康养产业基础较好，上海、广州、深圳等一线城市经济发达均位于此范围，从资源情况上来看东部地区一些省份的情况，像河北省以秦皇岛为龙头形成了健康养老产业集群；山东省主要依靠中医药资源和历史人文资源；江苏以养老为主导；浙江森林康养发展潜力巨大；福建以温泉康养为主；广东以食补养生、中医药养生为主；海南省则是国内医疗旅游的典范，康养资源丰富。东北地区森林覆盖率较高，夏天气候环境宜人，冬季也有许多可开发的温泉资源、冰雪资源，此外东北地区还有人参、鹿茸等名贵中草药材，为发展中医康养提供了良好的资源条件。中部地区文旅康养发展较好，像山西以太原都市圈为重点建设康养产业创新核心区；河南省以森林康养和乡村旅游发展为基础；安徽推动中医药产业和国学文化产业、康养旅游融合发展，还拥有国家级森林康养基地试点——天柱山森林公园；湖北省清江康养产业国家实验区是国内康养产业引领标杆；江西省虔心小镇是以"医养+文旅"为特色，以生态农业为基础，集康、养、游于一体的康养旅居度假目的地；湖南省重点发展中医药服务、健康医疗旅游文化、体育健身休闲、森林康养等十大健康产业。西部地区则以纯粹资源康养为主导，陕西省大力发展森林康养旅游；四川省以攀枝花为中心，推动"康养+"产业发展；云南省的森林、中医药和温泉资源都比较丰富；贵州省围绕地热温泉项目发展康养旅游度假胜地；重庆以森林康养产业为主；广西、新疆、青海、宁夏、内蒙古这些省份有许多少数民族，拥有丰富的民风民俗文化资源，中医药文化丰富[5]。当然这些地区只是相对来说资源更加丰富，康养旅游发展较好。我国自然资源、旅游资源十分丰富，山海湖林星罗棋布，而且历史文化源远流长，传统中医疗法独具特色，这些都为发展康养旅游提供了深厚的资源基础，不同地区也会根据地域资源条件进行相应开发，推动康养旅游产业[6]。

在前期发展的基础上，近几年我国已批准建设了一批国家森林康养基地、国家康养旅游示范基地。截至2020年，中国林业产业联合会已公布六批森林康养基地试点建设单位（见图4）；国家林业和草原局发改司、民政部养老服务司、国家卫生健康委员会老龄健康司、国家中医药管理局国际合作司四部门联合部署开展了国家森林康养基地建设工作，于2020年3月公布了国家森林康养基地名单，其中以县为单位的共21个，以经营主体为单位的共86个。

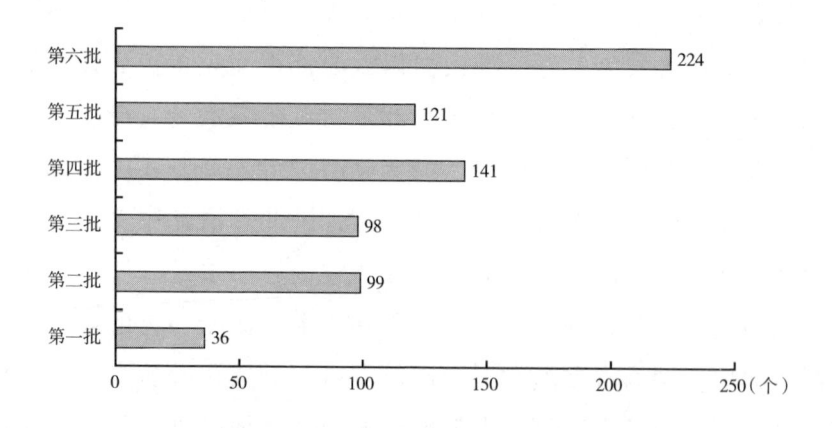

图4 中国林业产业联合会公布的全国森林康养基地试点建设单位数量

（二）中国康养旅游发展模式

我国康养旅游产品基本是依托旅游资源发展而形成的，且已形成了较为成熟的行业模式。总体上可分为七种类型：生态康养旅游、度假康养旅游、农旅康养旅游、保健康养旅游、文化康养旅游、运动康养旅游、民宿康养旅游（见图5）。

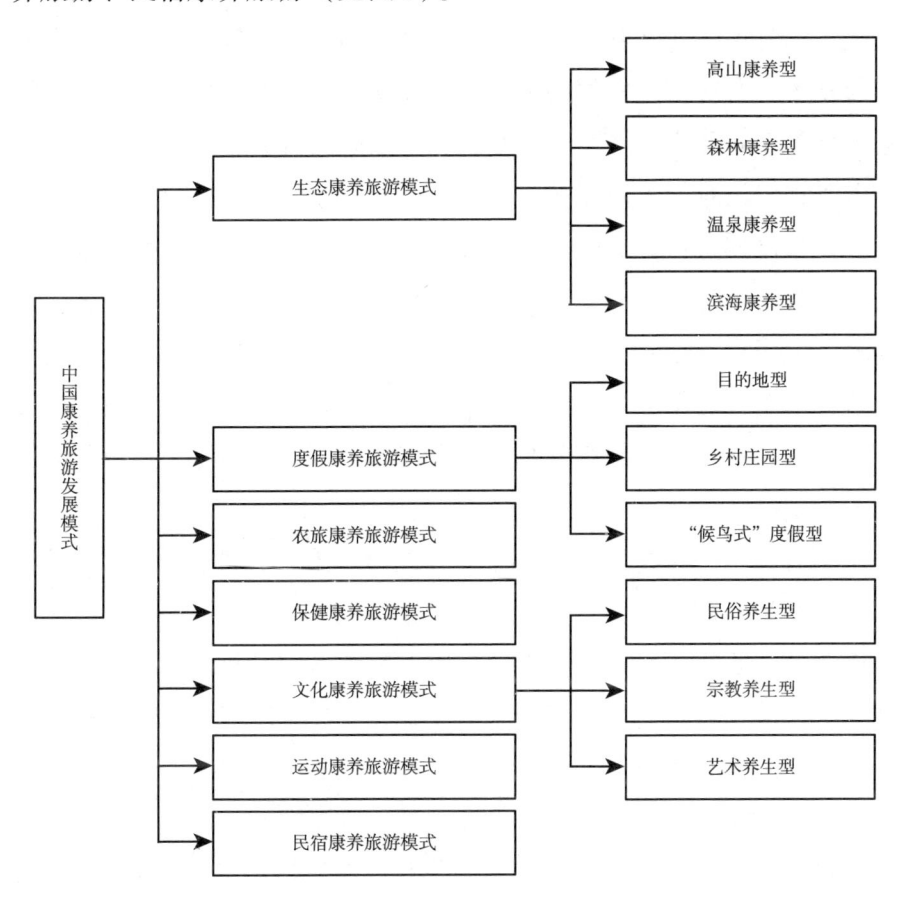

图5 中国康养旅游发展模式

1. 生态康养旅游模式

生态康养旅游主要依托现有的自然资源和生态环境，通过观光、体验等活动进行相关健康养生类设施以及项目的开发，从而使游客达到修身养性的目的。此模式有以下四种类型。

高山康养型：此类模式一般根据当地地形、地理位置、气候条件等开发温泉、冰雪运动以及登山等户外体验。此类模式的产品主要分布于名山大川，如庐山温泉疗养、武汉黄陂大顶山登山及攀岩体验。

森林康养型：此类模式主要结合优质森林资源及知名旅游景区而形成。其利用植物清肺、杀菌、除尘之作用以及空气中富含高浓度的负氧离子为游客营造良好的休闲度假环境，使游客处于一种自然的状态。此类模式的产品在全国一些森林型景区均有分布，如长白山森林康养基地、洪雅七里坪森林康养基地。

温泉康养型：此类模式是一种以地热资源为依托的养生项目，温泉中富含丰富的矿物质元素，其吸引游客的关键在于"养生、生态、自然、健康"，让游客达到松弛神经、缓解压力的效果，同时依托温泉资源可推出温泉会议、温泉养生、温泉酒店等一系列产业项目。其产品在全国很多地方都有分布，其中如江西、湖南、海南等南方地区分布较多。

滨海康养型：此类模式基于海洋气候，利用海水、海沙、海风、海景、海涛、海浪、海气等资源实现疗养身体的一种模式[7]。滨海康养旅游主要集气候养生、水疗养生、运动养生以及食疗于一体的海滨康养体验项目。此类模式产品主要分布在滨海地带，如秦皇岛、三亚等滨海地区分布较多。

2. 度假康养旅游模式

度假康养旅游模式是当前大部分乡村旅游转型升级的重要方向，也是游客追求休闲娱乐、康体健身、修身养性的选择之一。现阶段休闲度假康养旅游的开发更倾向于地产开发，但该模式的规划建设注重的不仅仅是居住空间，而是为健康养生的生活方式提供一个空间，同时配备更专业的康养旅游服务、更完善的医疗及养生设施、系列丰富的康养产品。此模式主要分为三个类型。

目的地型：主要以度假村、度假山庄、养生小镇、康养地产社区等形式为主。其主要集康体、度假、居住、生活于一体，同时也突出体验。此类型分布较为广泛，有依托景区的，如庐山、莫干山、黄山等景区周边分布较多度假山庄；有独立成镇式的，如北上广深及成都等特大城市郊野地带分布了较多的养生小镇。

乡村庄园型：这一类型也称无目的地型，主要依托生态田园农业资源，做田园慢生活，开发乡村度假、养生科普活动、农事养生等内容。游客到乡村庄园度假，享受乡村慢生活，以达到身体、精神、心灵等各个方面的放松。江西庐山风景旅游区正在践行这一模式，主要利用其优美的生态环境、温泉等康养资源，发展乡村民宿康养旅居，结合温泉疗养、中医保健康养等服务。

"候鸟式"度假型：此类型作为一种新型的高品质度假康养旅游模式，常与养生养老结合。此类型多针对中老年群体。参与此种类型的老年人常停留数月甚至更久，既可在当地漫游细品，又可健康养生。

3. 农旅康养旅游模式

农旅康养旅游模式是休闲农业与乡村旅游的融合模式。游客通过体验休闲农业活动，亲近自然又参与适度的体力劳动，缓解工作生活压力，达到养生保健的目的，是现代城市人追求时尚生活方式的一种选择，也是未来流行的一种潮流生活。乡村优美的田园风光让人心旷神怡、特色的乡土风情文化让人流连忘返，乡村旅游给人以轻松、愉悦、享受以及怀旧感。乡村中新鲜的空气可以洗肺，山溪中的清泉能洗血，有机美食可洗胃，乡土文化能洗心，同时还有田园沐歌式的慢食、慢城、慢生活[8]。

农旅康养旅游产品可提供优美的自然环境、新鲜的空气、宁静的空间，纯天然、绿色、生态的农产品和食品，可以为游客提供乡村田园休闲观光、养生保健及防病治未病等多种康养功能。如江西赣南虔心小镇系农旅康养旅游模式的典型案例，其以发展绿色有机茶为核心吸引物，集竹林生态民宿、休闲体验及特色美食于一体，正在向规模化、高端化及可持续化发展。

4. 保健康养旅游模式

保健康养旅游是医疗保健行业与旅游行业的融合，可在旅游过程中为游客提供医疗护理、康复保健以及疾病预防等相关服务。其作为新兴的专项旅游项目，拥有广阔的发展空间，市场潜力巨大。医疗保健康养旅游特征明确，对目的地的医疗水平要求极高，需要依托医疗机构，通过医疗保健资源，打造极具特色的品牌产品吸引游客体验各项医疗保健项目。此类产品发展较好的是利用传统的中医药资源开发相关康养产品。我国中医药文化历史悠久，可通过中医保健、中药膳食、中医文化体验项目吸引游客，但此类型具有较强的区域性特点。此外，还有针对特定人群的产品，比如针对女性群体的医美养生项目，针对老年人的健康护理、疾病疗养、养生养老度假项目。目前许多该类型的项目会以康养小镇的模式进行开发，将小镇按照"医药养游"的发展定位，打造集养老居住、医疗护理、休闲度假于一体的综合性康养度假旅游项目。

此类模式正在各地流行中，亦是以南方山水自然资源条件较好的地区分布较多，一般规模较小，以精细化、小众化服务为特色。

5. 文化康养旅游模式

文化康养旅游模式是将文化与旅游产品相结合，主要从精神层面满足并丰富人们对健康的追求。文化康养旅游的核心资源是旅游目的地丰富的人文资源，包括民俗活动、传统文化、禅修等非物质文化遗产。文化养生能够通过形成人与人以及与天、地和谐统一的相处方式达到以和养生的目的，此类型模式具有较强的区域性特点。此模式又可分为三种主要类型。

民俗养生型：此类型系结合不同地区的民俗风情、节日节庆、生活方式等推出食疗、时令养生、精神养生。此类型主要分布在广西、云南等少数民族较多的地区。

宗教养生型：此类型主要利用宗教文化中的养生之道。其中参禅悟道、修行打坐、太极养生、禅意生活，可能帮助游客净化心灵、释放压力，满足精神需求。此类型主要分布于各地宗教文化场所或创意打造的新型禅文化养生园区，目前全国规模偏小，如无锡灵山。

艺术养生型：此类型涉及一些书画、音乐、戏剧、插花等项目，主要侧重于艺术欣赏、精神层面的养生。此类型如各地的艺术文化博物馆、书院等。

6. 运动康养旅游模式

运动康养旅游模式的理念源于生命在于运动，健康需要运动，运动代表着健康。运动康养内容广泛，包括散步、徒步、健美操、瑜伽、游泳、登山、垂钓等，将休闲元素与运动相结合，具有灵活性和多样性的特点。康养旅游与休闲运动旅游有着共同的价值追求，也顺应了人们追求健康的需求，尤其是适合缺乏锻炼的上班族以及亚健康群体，同时也适合体质活力衰退的老年群体。运动康养旅游模式作为旅游业和康养业的新业态，有着广阔的发展前景。

7. 民宿康养旅游模式

民宿康养旅游模式即乡村民宿与康养度假相结合。乡村民宿本身就具有康养度假的特质，大部分民宿所在的位置被优美的景观环境围绕，给人以美的享受，使人与自然环境融为一体，起到养生、保健、治疗的功效；乡村民宿一般伴有农家小院，可以让入住者体验农耕生活，通过适度的劳动锻炼身体；加之乡村的特色民俗文化活动可让游客感受传统文化的魅力，实现健康文化养生的目的。此类模式产品在全国各地推行发展，尤其是一线城市周边地区分布较多。

四　中国康养旅游发展中存在的问题

（一）相关政策法规以及服务标准的出台较为滞后

明确的政策制度是改变我国康养旅游处于初级阶段的基础。通过上述对相关政策的梳理可以看出，国家有关部门出台了多项政策制度都涉及了康养旅游，但是这些政策制度的发布往往落后于实际发展速度，在政策预见性和行业指导性方面未能充分发挥作用，许多政策的指导意见都是从宏观层面出发，具体的实施方案与措施还有所欠缺，并且康养旅游细分产业的有关发展方案还有待进一步完善。康养旅游产业作为新兴业态，涉及多个产业的融合，所以健全产业规范、标准、监管、评价等方面十分必要。同时不同省份、地区发展康养旅游时也应该落实各项政策制度，与国家政策文件做好衔接，出台具体的康养旅游基础设施建设和服务标准以及监管制度。地区相关政策的出台更应该结合实际情况做出具体的发展规划，注重发挥政府作用，在土地、基础设施建设等方面给予优惠政策，还要引导社会、企业等各类资金的支持。此外，康养旅游的快速发展出现了服务质量参差不齐的现象，主要原因就是缺少服务标准的引导，从而降低康养旅游市场的服务满意度，影响整体的效益水平。

（二）基础设施供应不足

无论是传统的旅游业还是康养旅游业，配套设施建设是基础。然而，许多旅游景区景点的公共基础设施十分薄弱，发展康养旅游，还需要旅游资源作为支撑条件，同时相关的康养配套设施也必不可少。但目前许多地方往往会忽略将"旅游"和"康养"融合在一起，所以医院、疗养院、健身场所这些地方配套资源都不是很完善，根据公布的相关数据，2018年全国康复医疗机构数量达637家，其中城市康复医疗机构数量为434家，占总机构数量的68%，农村康复医疗机构数量为203家，占比约32%[9]，全国每千常住人口仅有0.18张康复护理床位，床位缺口较大[10]。

（三）康养旅游专业人才匮乏

在康养旅游业快速发展的形势下，具有康养和旅游专业知识技能的复合型人才的重要性以及需求的紧迫性问题尤为突出。比如医疗保健康养行业的专业人才既需要有专业的医学相关知识，还要有旅游专业技能，这对相关工作人员的要求极高，发展医疗保健康养就要尤其注重这一问题。我国大部分高校开设了旅游管理及其相关专业，但是这些专业的设置普遍大众化，没有特色之处，也没有细分，此种培养模式与现实需求严重脱节，现代旅游业的变化日新月异，出现了新业态、新模式，而旅游人才的培养方式并没有跟上需求变化的速度，并且旅游专业毕业的学生大部分缺乏实战经验，他们在学校的学习更加侧重于理论层面。人才作为产业发展的内生增长驱动力，最重要的就是要制订好康养旅游人才培养方案，不同地区的学校可以根据当地的资源特色、相关的产业发展规划等有针对性地开展专业的实践教学，探索具有地区特色的康养旅游人才培养模式。

（四）康养旅游产业结构不够健全

由于我国康养旅游的发展还处于起步阶段，发展模式粗放，产品类型比较单一，康养小镇以及其他康养旅游综合体项目的成功发展经验较少，都正在摸索中前进，也就是说当前我国康养旅游业向其他衍生和关联产业拓展融合发展的"康养+N"模式还未成熟，没有构成高度化、合理化的完整康养旅游全产业链，缺乏精细化的完善服务。总体上来说，当前第三产业所占比重较高，协同第一、第二产业的发展水平较低。康养旅游不同于一般旅游项目，游客获取酒店、交通，以及通信等基础服务就能满足诉求，对于老年人等特殊群体的游客来说，还需要医疗、康复、疗养甚至陪护服务，这些就需要养老院、社区服务中心等机构配合，但在实际发展过程中，这些行业往往各自经营，缺乏一个平台将相关企业整合在一起。另外，我国康养旅游行业分布及地区分布不均衡，目前森林康养旅游、温泉疗养旅游、休闲运动康养旅游等发展较好，尤其是近期森林康养旅游一枝独秀，国家林业和草原局也在大力鼓励发展之，多次下发文件指导全国建设森林康养基地。其他形式的康养旅游还在探索中。康养旅游在我国各地分布不均衡，一些知名景区如莫干山、黄山等景区的康养旅游发展较为成熟，北上广深及苏浙等经济发达省市的康养旅游发展也较成熟。

五　中国康养旅游的未来发展趋势

总体上来说，后疫情时代，人们对美好生活的向往、对身心健康水平的关注将促使康养旅游业成为健康服务业的重要组成部分，康养旅游会成为增加人们的幸福感的产业之一。康养旅游未来的发展会朝着具有综合性特点的休闲度假旅居目的地发展，集健康疗养、休闲旅游、教育、居住、实训基地等多种功能于一体。归纳总结主要包括以下特点。

第一，开发多元化、特色化康养旅游产品体系。康养旅游产品的打造更加注重将目的地特色资源与整个旅游过程相融合，开发与之相配套的多种活动，增加游客在"吃、住、行、游、购、娱"方面的体验性和舒适性。同时，康养产品的层次应根据旅游市场需求打造高、中、低端三种类型，以满足不同层次消费人群的康养需求。低端产品主要依托景观资源优势打造"养眼"系列基础产品；中端产品可通过运动康体类养生项目打造"养身"系列产品；高端产品则以人文资源为主打造"养心"系列产品。还可根据消费人群的特点打造差异化康养旅游产品，例如针对老年人的养生膳食、养老以及医疗康复类产品，针对女性消费者的美容养生，针对中青年群体的亚健康预防、游学参观、运动健身类产品，还有针对母婴群体的妇幼膳食、产后修复、胎儿早教等产品。具有特色化的康养产品会更有吸引力。

第二，品牌缔造康养旅游新纪元。发挥品牌的作用对康养旅游目的地的发展至关重要，在积极发展康养旅游的大背景下，树立品牌形象，找准品牌定位是未来的康养旅游营销的关键。以地区特色资源要素为支撑构建康养旅游品牌体系，打造康养旅游示范基地，将其打造成社会群体广泛认同的康养旅游目的地，吸引游客体验并形成品牌效应。目前天津健康产业园、河北秦皇岛市北戴河区、上海新虹桥国际医学中心、江苏泰州市姜堰区、浙江舟山群岛新区、安徽池州市九华山风景区、福建平潭综合实验区、山东青岛市崂山湾国际生态健康城、广西桂林市、海南三亚市、海南博鳌乐城国际医疗旅游先行区、贵州遵义市桃花江等示范基地已形成大品牌，全国各省市还有许多中医药康养旅游基地（点）、森林康养旅游基地（点）、温泉康养旅游基地（点）等专业性的小而精的特色产品。这一形势正在全国大力推进发展中。

第三，产业融合将创新投资新蓝海。康养旅游是具有较强带动性的产业，极易与其他产业相关联，尤其是在大力推动全域旅游发展的背景下，未来康养产业与其他产业之间的融合发展会更加深入，康养农业、康养制造业、康养服务业等"康养+"和"旅游+"模式会更加普遍。还有一些房地产业正在积极进军康养旅游行业，甚至国内一些大品牌的康养产品均由地产商投资经营。其他行业也正在逐步进入康养旅游行业中，该领域也正在成为投资新蓝海。

第四，智慧营销成就康养旅游大行业。智能化、信息化已经覆盖多个行业，旅游业也是如此，旅游产品、旅游营销以及旅游业的运营管理都能充分运用到先进的信息化技术。在康养旅游中应用5G、AI、AR、VR等高科技、数字化技术能达到全新的场景体验，游客可从视觉、听觉、触觉、嗅觉等方面实现美妙的体验感。尤其在疫情期间，很多旅游景点暂停了线下游览参观活动，全新的"云旅游"形式带给游客不一样的体验。未来康养旅游可充分利用这些信息化技术进行智能化升级，在康养旅游的智能化管理、个性化定制服务等方面全面提升康养旅游的品质，提高游客的满意度。

第五，综合化与专一化各显神通。全国康养旅游行业正处于爆发式发展中，一些有战略眼光的企业早几年就开始布局康养旅游市场。综合型开发模式是理想方式。康养旅游产品正在将自然生态、文化资源、中医药、田园与乡村生活等多种元素融为一体，走综合康养旅游发展方式。

注　释

[1] 前瞻产业研究院：《十张图带你了解康养旅游行业发展现状》，https：//www.sohu.com/a/348993594_473133。

[2] 张毅：《人口总量增速放缓　城镇化水平继续提升》，http：//www.stats.gov.cn/tjsj/sjjd/202001/t20200119_1723861.html。

[3] 《我国人口素质不断提升——解读第七次全国人口普查数据》，http：//www.gov.cn/xinwen/2021-05/12/content_5605910.htm。

[4] 陈琳琳、张颖熙：《康养旅游业的驱动因素、发展模式和对策建议》，《中国经贸导刊》2021年第2期，第51~54页。

[5] 段湘辉：《大健康时代康养旅游发展格局和影响因素研究》，《武汉职业技术学院学报》2021年第1期，第89~93页。

[6]《康养文旅开发模式以及进行康养旅游产品开发步骤》,https://mp.weixin.qq.com/s/ojKZCbYnwTNqUUW9sheapw。

[7]孔令怡、吴江、曹芳东:《环渤海地区沿海城市滨海养生旅游适宜性评价研究》,《南京师大学报》(自然科学版)2017年第2期,第116~123页。

[8]侯满平:《论乡村休闲与健康的关系》,《休闲农业与美丽乡村》2017年第6期,第16~19页。

[9]前瞻产业研究院:《2020年中国康复医疗行业市场现状及发展前景分析 2025年市场规模有望突破2000》,https://www.sohu.com/a/410200810_99922905。

[10]前瞻产业研究院:《2020年中国康复医疗行业供需现状分析 行业供给缺口与需求群体之间的矛盾》,https://www.sohu.com/a/410592096_99922905。

区　域　篇

云南康养旅游发展之优势与转化路径研究[*]

明庆忠　李燚　桂荣芳　唐雪凝[**]

伴随中国经济高速腾飞与人口老龄化的不断加剧，人民健康意识不断提升，追求美好生活的内在渴望使中国人民对健康服务产品需求不断多元化。新冠肺炎疫情再次唤起了全社会对"身心全面健康"的空前关注，这必将推动康养旅游在实践中创新发展。云南以自己独特的地理优势和生态优势，成为发展康养旅游的最佳省份之一。近年来其试图打造健康生活目的地、国际康养旅游示范区，力图让

---

[*] 本文为国家自然科学基金项目"山地旅游目的地人地关系地域系统变化及其机制研究"（项目号41961021）成果之一。

[**] 明庆忠，博士，云岭学者，云南财经大学教授，博导，研究方向为区域地理与旅游管理；李燚，云南财经大学硕士研究生，研究方向为区域旅游开发规划与管理；桂荣芳，云南财经大学硕士研究生，研究方向为区域旅游开发规划与管理；唐雪凝，云南财经大学硕士研究生，研究方向为区域旅游开发规划与管理。

想健康的人到云南，让云南人民更健康。本报告就云南发展康养旅游的基础优势、文化优势和政策优势进行分析，并提出云南十大康养旅游转换路径，助力云南康养旅游的发展，助力创建国际康养旅游示范区。

一　云南发展康养旅游之基础优势：自然条件优越，文化多样

（一）自然环境宜居宜旅

1. 地处中低纬度，是宜居宜旅的"风水宝地"

阳光和气候是发展健康旅居、康养旅游的要素。旅居生活可以看作是对旅游和居住结合的升华，对旅游目的地的要求更严格。云南地处北纬21°8′~29°15′，北回归线穿越南部，阳光充足，日照丰富，气候宜人，气候、阳光都适合发展健康旅居。

元江·冬日恋曲择址于元江河谷，年平均温度为23.9℃，有"红河谷中的太阳城"美誉；这里有热带胜景、四季花果、云海梯田；这里平均海拔仅380米，适合外地人到此旅居、度假，堪称天然的宜居宜养之地、名副其实的"云南暖都"和"避寒康养新胜地"。

2. 全国气候缩影，适宜发展多避多养的健康旅游

云南气候属于亚热带高原季风型，同时有寒、温、热三带气候，有我国从海南到黑龙江的各种气候类型，立体气候特点也显著，作为宜居地的气候自然优势明显。云南大部分地区气候温和，四季如春，有着"天气浑如三月里，花枝不断四时春"的"春城"气候。云南拥有多种气候类型、多种自然区域、洁净空气，是发展气候康养的最佳选址地，可避霾、避尘、避寒、避暑，可开展地养、气养、生养、

民养、医养、动养、文养、水养旅游,是健康养生福地。

北回归线地区因自然环境优良,文化底蕴深厚,成为一条适宜休闲、独家、康养的生命带,也印证了身处北纬23.5°的滇南秘境——普洱之所以成为健康生活、诗意栖居的代名词。普洱森林覆盖率超68.8%,负氧离子超世卫标准12倍;年均气温18~20.3℃,四季如春、自然资源丰富成为普洱康养旅居得天独厚的基础。基于此,普洱无愧于中国十大康养城市前十名,是云南排名第一的康养城市。普洱·那柯里德商国际旅游度假区打造适宜全龄旅居的野奢康养度假区,集全龄养生中心、健康管理中心、温泉颐养中心于一体。

3. 复杂的地貌格局引致多姿多彩的健康旅居生境

云南省属"九分山与原,一分坝和田"的山地高原地区,东部为云南高原,西部为高山峡谷相间的横断山区,有山地、盆地、高原等多种地貌形态,地貌类型复杂,孕育了多姿多彩的生态环境,动植物种类极其丰富,自然生态环境优美。地貌类型和景观多样性有利于发展运动型和探险型的康养旅游,通过适度的环境重造,带动产业群聚集与集成,可以主要面向亚健康、慢性病、心理疾病等中年及老年群体,或者生活压力大且对自身及家人的健康有更高品质要求的人提供健康旅居生活。

东川区利用山势水脉集中打造东川大峡谷运动康养旅游度假区。东川地处云贵高原北部边缘,有立体山水奇境,拥有牯牛山、红土地、泥石流等野性绝美景点,有极度反差之美,高度契合现代都市人追求原生态自然环境的离城度假需求。该度假区分为八个项目实施建设:"滇铜古道"特色街区、"大峡谷水世界"、"大峡谷酒店"、"赛车运动体验基地"、"牯泉湖畔"度假地产、东川小江城区段河道治理项目、"大峡谷康养小镇"、东川河砂产业基地。

4. 立体、阶梯状地貌高低结合利于打造多样化产品

云南准平原在第三纪末和第四纪中，不断被差异抬升，形成西北高、东南低的倾斜式地形，高原面自西北向东南呈阶梯状递降，形成一个巨大的由多级阶梯组成的"塔"状地形。据《云南省志·地理志》，自滇西北至南部存在四级阶梯，阶梯之间常由陡坡连接，这一陡坡在短距离内下降数百米。

依托山地地貌，以休闲体验型旅游产品为特点，充分利用山地地貌资源，可以形成运动类、温泉类、疗养类等多种休闲体验型旅游吸引物，与高山瑜伽、山地自驾、森林浴等养生项目相结合，打造多节点、散点式的生态休闲度假旅游体系。

华侨城普洱茶康养小镇位于普洱市市区 3 公里处，建设茶溪谷、花兮谷、温泉社区、教育社区、山地运动公园、云海生态公园等十大茶旅康养示范产品，目标是成为能容纳 5.8 万人的国家级康养旅游度假区和云南省第一个康养小镇示范区。

5. 突出的生物多样性构成康养旅游发展的基底

云南生物多样性居全国之首，是中国 17 个生物多样性关键地区和全球 34 个物种最丰富的热点地区之一，是中国重要的生物多样性宝库和西南生态安全屏障。2020 年 10 月 19 日至 31 日，《生物多样性公约》第十五次缔约方大会在中国云南省昆明市召开。云南生物的多样性，是云南进行康养旅游的重要支撑，也是构成康养旅游必不可少的基底。由于地处三条南北向大峡谷与东西向北回归线交叉的特殊位置，这一地区被定义为"地球生物多样性黄金十字带"。全省面积仅占全国的 4.1%，植被类型复杂多样，几乎涵盖了地球上除海洋和沙漠外的所有生态系统类型，物种资源丰富，享有"植物王国""动物王国""物种基因库"等美誉。

云南省发挥丰富的生物资源、中医药（民族医药）资源及特色诊疗在"治未病"和养生保健方面的技术优势，加强医疗保健服务

体系建设，在昆明、大理、丽江、西双版纳、腾冲、香格里拉等重点旅游城市、旅游区，普洱、楚雄、德宏等具有特色健康资源的地区，瑞丽、河口、沧源等重要边境城市，针对国内、周边国家、欧美等不同消费者的需求，重点发展10个左右国际化的康复保健、休闲养生产业基地，以及若干涉及民族医药、医疗保健、民族文化、养生养老等内容的健康体验园。

6. 绿色食品、珍贵药材助推成为健康养生的胜地

云南生物旅游景观极为丰富独特，素有"植物王国""动物王国""花卉王国""药物王国"之美誉，成为健康养生的"天堂"。云南省民族医药丰富[①]，具有代表性的有傣医药、藏医药、彝医药，还有纳西东巴医药、白族医药、景颇族医药、佤族医药、壮族医药、哈尼族医药等。独特的民药文化是云南发展康养旅游的不竭动力，顺应了不断变化的康养旅游需求。中医药旅游可以分为以下六种类型：中医药生态养生旅游、中医药游乐养生旅游、中医药文化观光旅游、中医药医疗保健旅游、中医美食保健旅游、中医药美容养生旅游。民族医药是中医药的重要组成部分，以上六个分类可借鉴用于康养旅游的构思与发展[②]。

中国楚雄彝医药康养示范园：楚雄州有着浓厚的彝医药氛围和中彝医药良好的发展势头。楚雄州委州人民政府做出了把"彝医药打造成全国知名品牌"的战略部署，确立了打造"中国彝药之乡"战略目标，以"彝医药康养示范园"为抓手，积极探索"彝医药+养生""彝医药+旅游""彝医药+食品"等大健康产业新业态、新模式，构建彝医药文化康养旅游三位一体、生产生活生态同步协调发展

[①] 万宠菊、于博、肖丽萍：《云南省发展中医药健康旅游的思考》，《当代经济》2016年第34期，第102~104页。

[②] 明庆忠、李婷：《基于大健康产业的健康地理学与健康旅游发展研究》，《学术探索》2019年第1期，第96~106页。

的彝医药发展新格局,努力将"中国楚雄彝医药康养示范园"升级打造成"彝医药康养示范区"。

(二)多民族和谐共居提供了健康旅居的优良人文环境

1. 多民族文化与旅游高度融合

云南是我国多民族聚居的省份,形成了以丰富多彩的民族文化和悠久的历史遗存为特色的人文景观。民族多样性突出,每一个少数民族都创造了绚丽的文明成果,深入挖掘云南少数民族独有的宗教、民俗、历史文化,结合市场需求及现代生活方式,运用创意性的手段,打造利于养心的旅游产品,使游客在获得特异文化体验的同时,能够修身养性、回归本心、陶冶情操。如依托民俗资源,打造文化度假区、民族文化体验基地,开展养生健体的民族仪式、节庆活动等。

云南城投康旅集团作为"中国文化旅游行业的航空母舰"之一,聚焦云南民族文化与旅游,发挥自身"全国文化企业30强"的品牌优势,打造特色文化产业:深挖云南民族传统节庆,发挥节事活动创新和运营的资源优势和管理经验,提升"大理三月街""德宏泼水节""巍山火把节"等节庆活动知名度,打造云南特色文化名片;联合杨丽萍打造云南省重点文化产业项目——杨丽萍大剧院,充分发挥云南民族文化优势,构建大理文化艺术高地;持续打造多个国内外精品演艺,如《吴哥的微笑》《梦幻腾冲》等,树立起云南旅游演艺"大品牌",响应国家"一带一路"倡议,推动中国文化"走出去"。将多姿多彩的民族文化与康养旅居、温泉康疗、乡村休闲、民族医药和生物保健等得天独厚的旅游资源结合,以康旅产业为新着力点,为云南旅游业转型升级培育新动能。

2. 来自山野的生态美食独具功能与吸引力

丰富多样的自然环境产生了众多绿色生态食品,依托丰富的山野绿色农产品形成了独具一格的美食文化，吸引着大批爱好旅游和爱好美食的游客来到云南。云南的饮食文化内涵丰富且历史久远，如现存的一些历史典故，过桥米线把亲情和爱情联系在了一起，腾冲"大救驾"由明朝永历皇帝赐名，汽锅鸡则来源于护国起义的出征宴。云南的饮食具有地域性的特征，各地不同的美食有不同的吸引力。

"民以食为天"，民族健康饮食是吸引游客参与康养旅游的重要因素之一。开发民族地区的休闲农业，发展绿色种植业、生态养殖业，开发适宜特定人群、具有特定保健功能的生态健康食品，大力培育与扶持茶叶、珍稀食用菌、中药材等特色生态农业，着力建设绿色健康有机食品产业基地。同时结合生态观光、农事体验、食品加工体验、餐饮制作体验等活动，推动健康食品产业链的综合发展。如着重开发与民族文化相关的饮食互动体验项目，让消费者参与到打酥油茶、做糍粑、做五色糯米饭等民族饮食制作的环节中，让消费者在品尝美食的同时，还能在体验中愉悦身心，促进人与自然对话、文化与心灵交流，塑造特色健康"绿色食品"品牌。

3. 高原民族体育康乐竞技促进健身康体

云南民族体育旅游资源项目种类繁多，有"民族体育王国"之称。民族体育竞技项目的普及性、适应性及独特性强，具有极大的新奇性、冒险性和挑战性，符合旅游者的心理和生理需求，同时也可使游客身心放松、促进健身。并且云南民族体育竞技项目与其他旅游资源具有良好的配置性，符合康养旅游业发展特点。云南独特的地理及气候环境使其成为国家体育队最重要的高原训练基地之一，高原训练的体育效果也得到了世界体育界的公认。体育旅游是云南体育、旅游产业发展的重点，能够有效地促进云南旅游业转型升级，民族体育与康养结合也必将为旅游产业的多样化发展提供新的思路和启示。

昆明嘉丽泽是云南省首家高原体育运动小镇，依托优质的自然生态资源和8000亩核心区，秉持"产业和城市融合发展"的理念，建设以高原体育运动产业为主，休闲、旅游、养生等配套产业为辅，集高原体育训练、生态旅游、休闲度假、康养医疗、大健康与互联网于一体的新兴复合型小镇，已建成国际体育训练基地、马术俱乐部、高尔夫俱乐部、汽摩运动基地、综合运动馆、垂钓中心、高端酒店群、美食街等一流配套设施。汽摩运动俱乐部、国际足球训练基地（二期）、马拉松跑道、运动社区等多个项目已开工建设，在景区原基础上提升改造，进一步打造产业突出、全国一流、世界知名的高原体育运动小镇。

4. 民族、生物医药促进循本归真的康体养生旅游发展

云南各个民族在长期的生产生活中，积累了丰富的动植物药用经验，形成了深厚的民族医药文化内涵。民族医术、医药对保障人民身心健康，促进民族文化交流起到了重要作用。云南得天独厚的自然条件和区位优势是民族医药发展特色康养文化产业的先决条件。云南省低纬度、高原、立体气候使得各类中医药材能够找到适宜的栽培区域。

《云南省中医药健康服务发展规划（2015~2020年）》提出：建设滇中康体养生旅游核心、滇西北文化养生旅游带、滇西温泉养生旅游带、滇西南生态养生旅游带，打造具有云南特色、优势突出的中医药康体文化养生品牌。鼓励各地充分利用丰富的旅游和自然资源优势，开展药浴、中药熏蒸、中医药文化体验、气功等养生保健项目，发展中医药健康旅游。鼓励在酒店、景区和旅游度假区等场所开设中医药机构，提供针灸、推拿、按摩和药膳等健康服务项目。积极推动中医药文化元素突出的名胜古迹、中药材种植基地、生产企业、中医药文化基地、中华老字号名店和特色中医药诊疗技术等中医药资源有效融入旅游产业发展范畴，将中医药健康旅游融入养生养老和"治

未病"中,鼓励开发有特色的中医药健康旅游产品。在符合城乡规划和土地利用总体规划的前提下,加快建设中医药特色旅游城镇、度假区、文化街和主题酒店等项目,形成一批与中药科技农业、名贵中药材种植、田园风情生态休闲旅游结合的养生体验和观赏基地。支持举办代表性强、发展潜力大、符合人民群众健康需求的中医药健康服务展览和展会。

目前已成功打造以云南白药大健康产业园、古滇名城养老小镇为代表的中医药健康旅游示范基地;依托中医药、民族医药优势,正在推进16个中医养生养老示范基地;丽江精心打造了云南省首个以康养为主题的旅游景点——东巴秘境等。

曲靖生物医药健康产业科技创新园以国家发展生物医药健康服务业系列政策为指导,以中医药、云南民族医药建设发展为特色优势,打造集健康服务业科技创新、项目孵化、创业培训、民族医药文化交流、中医药、民族医药科技普及、会议中心等于一体的健康服务业科技创新园区。依托区域三级甲等医院医疗、中医药诊疗、中药材种植示范基地的优势,结合当地的旅游资源与中医药民族医药资源,倾力打造中医药观光旅游、体验旅游、医疗健康旅游、养生旅游、特色中医药、健康食品、民族药制剂等产品。

5. 优越的生态环境使之成为天然的康养基地

天高云淡、森林高覆盖率、高原立体气候使云南成为天然温室和生态氧吧。畅快奔跑、山水骑行、定向越野、网球足球高尔夫各类赛事,吸引了来自全国乃至全世界的人们。云南森林资源丰富,森林类型多样,大部分森林生态环境保存完好,生物多样性极为丰富[①]。利用森林资源开展健康管理,发展森林康养,如开展气候疗法、芳香疗

---

① 李甜江、马建忠、王世超、王琛:《云南森林康养典型模式研究》,《西部林业科学》2020年第3期,第60~65页。

法、食物疗法、森林疗法等。

作为全国五大长寿带之一的芒市—勐海—景洪长寿带生态环境十分优美，其土壤和食物中富含被称为"抗癌之王"和"长寿元素"的硒元素，对防治疾病、延年益寿具有重要作用，为云南省发展康养旅游提供了良好条件①。依托长寿文化，大力发展长寿经济，形成以食疗养生、山林养生、气候养生等为核心，以养生产品为辅助的具备健康餐饮、休闲娱乐、养生度假等功能的健康养生养老体系。

在2019中国体育文化、中国体育旅游博览会上，云南省宾川鸡足山景区、新平磨盘山国际户外运动公园入围精品景区，昆明十峰体育旅游登山线路荣获精品线路，中国远征军之路、普达措尼汝徒步线路、石林彝族摔跤系列赛等12个项目入选中国体育旅游精品项目。云南的精品赛事已初具影响并正在吸引着周边国家和地区越来越多的运动员参与，具有云南特色的赛事品牌正茁壮成长。

6. "和而不同"的多样化文化利于发展高端康养旅游

具有包容性的多彩文化、深厚的历史文化内涵、"天人合一"的朴素观念，无不彰显云南作为健康旅居地的独特魅力。云南的民族文化具有多样性的鲜明特征，并相互影响，形成了"和而不同"的文化交融大观。长久以来，云南地区各民族能融洽相处、团结互助，展现出了巨大的包容性。挖掘云南省历史文化、民族文化内涵，打造高端系列康养旅游产品，如文化艺术康养、禅修养生等产品。针对游客的不同特点和康养旅游产品的丰富多样，旅游企业在开发康养旅游资源、创造康养旅游产品时，突出康养旅游的文化内涵和性质，注重游客的参与性和体验感，切实增强游客身体健康。

双廊古镇位于云南大理的洱海东北部，是白族聚居之地，其中

---

① 蒙睿、刘嘉纬、周琦：《云南养老旅游发展规划研究》，中国旅游出版社，2018。

白族人口占84.6%，有悠久的历史文化，是云南省省级历史文化名镇和"洱海风光第一镇"，在全国也是小有名气的旅游目的地。双廊拥有底蕴丰厚的自然资源、悠久的传统文化和内涵丰富的民族民俗风情，拥有得天独厚的地理环境和区位优势，以"南诏风情岛"为龙头的旅游业使得双廊成为名副其实的"苍洱风光第一乡"。和谐优美的自然环境、丰富的物质生产造就了许多美味可口的饮食。双廊古镇出产众多的土特产品，以"名、特、奇、优"而远近闻名，有以梅果加工为主的大理洱海食品有限公司、苍洱食品厂、玉洱食品厂等。双廊古镇内旅游配套设施不断完善，LadyFourHotel、双岛酒店、毗舍客栈、船家客栈、海上人家、阳光海岸等一大批大大小小风格各异、档次不同的客栈酒店一应俱全，可以满足不同层次游客的需要。

二 云南康养旅游之政策优势：内生外源同发力

（一）政策导航促进旅居康养旅游发展

2015年，我国政府工作报告中首次提出了健康中国的战略构思，"健康中国"上升为国家战略，我国正式开启了"大健康时代"。2016年，国务院印发《"健康中国2030"规划纲要》，提出发展健康服务新业态，积极促进健康与养老、旅游融合，催生健康新产业、新业态、新模式；同年，《国家康养旅游示范基地标准》正式颁布实施，明确将养老、旅游、互联网等结合起来，为康养旅游的规划建设提供明确的标准指南；2018年中央一号文件中明确指出，充分发挥乡村各类物质与非物质资源富集的独特优势，推进农业、林业与旅游、康养等产业深度融合，建设一批设施完备、功能多样的康养基地。

云南省政府也相应建立和完善了一系列相关政策，为云南省康养旅游、打造健康旅居目的地保驾护航。同时，云南省文化和旅游厅编制了《云南省医疗旅游专项规划（2018~2030）》和《云南省中医药健康旅游发展专项规划（2017~2025）》，提出：2020年云南省完善康养旅游体系，构建养老体系格局，配套先进医疗设施，形成候鸟型养老旅游目的地。在《云南省旅游产业转型升级重点任务》中明确指出要将养老养生旅游作为旅游产业转型升级的重要发展业态加以推进。云南省已编制完成《云南省康养小镇发展规划》，选择康养资源优势突出、用地条件成熟、经济基础相对较好的城镇，分类、分层、分区确定康养小镇试点，着力打造一批集高端医疗服务、适度高原健体运动、候鸟式养生养老、健康产品制造等多种功能于一体的复合型、综合类大健康产业项目。

（二）生态文明建设使之成为宜居宜旅乐土

2015年1月，习近平总书记考察云南时，提出云南要努力成为我国生态文明建设排头兵的新要求。云南人民牢记总书记的嘱托，以抓铁有痕的实干精神，坚定不移践行"绿水青山就是金山银山"的新发展理念，切实守护好七彩云南的蓝天白云、绿水青山、良田沃土，把云南建设成为中国最美丽省份之一。云南有很多地方森林、山水、新鲜空气等能使游客享受到醉氧的待遇。《2020年全国森林康养基地试点单位遴选结果公示公告》中，云南32地入选2020年全国森林康养基地，其中试点建设县（市、区）中云南3地分别是红河哈尼族彝族自治州弥勒市森林康养基地试点建设市、楚雄彝族自治州大姚县森林康养基地试点建设县、丽江市玉龙纳西族自治县森林康养基地试点建设县；试点建设乡镇中云南6地分别是昆明市安宁市人民政府温泉街道办事处森林康养基地试点乡镇、楚雄彝族自治州楚雄市紫溪森林康养基地试点建设镇、红河哈尼族彝族自治州个旧市锡城镇森林康养基地试点建设镇、迪庆藏族自治州香格里拉市金江镇森林康养基地试点建设镇、丽江市永胜县永北镇森林康养基地试点建设镇、丽江市玉龙纳西族自治县白沙镇森林康养基地试点建设镇。

（三）规划先导和有序建设使康养旅游有智增长

为全力打造"健康生活目的地"，云南省文化和旅游厅编制了《云南省医疗旅游专项规划（2018~2030）》和《云南省中医药健康旅游发展专项规划（2017~2025）》，按照"一核、三带、六大板块"的空间布局，对全省医疗旅游发展进行了规划。此外，云南省文化和旅游厅编制了《云南省养老旅游专项规划》，并据此选定了191个养生旅游项目推动建设。全省有序推进全国示范健康旅居目的地建设，如昆明云岭山康养休闲度假小镇、普洱国际次区域康养中心城市等康养项目开始打造，在第八届中国旅游产业发展年会上，云南省普洱市入选"中国康养旅游目的地案例"。云南省各州市的康养旅游也在如火如荼的规划进行中：昆明市东川区明确"打造滇中和川渝城市群的康养旅游目的地"的发展目标，东川大峡谷运动康养旅游度假区项目正式开工建设，全力打造"冬天养心福地"；丽江市通过积极推动探索"旅游+科技""旅游+康养"发展新路径，促进旅游与科技、康养相结合，拓展旅游新体验、新业态；腾冲市着力发挥森林的养身、养心、养性、养智、养德"五养"功能，聚焦"温泉康养+旅游""中医养生+旅游""森林康养+旅游"行动，开发建设了一批生态、养生、宜居的旅游地产项目，推出了户外运动、健康休闲、科考探险等系列旅游产品。

（四）基础、公共设施完善加快推进发展

云南省在全国旅游业发展格局中占有特殊而又重要的地位，随着

旅游投入力度不断地加大，旅游基础设施服务体系不断完善。为认真贯彻落实党中央、国务院关于推进新型基础设施建设的重大决策部署，加快云南省新型基础设施建设步伐，提升经济社会发展支撑能力，云南省政府印发《云南省推进新型基础设施建设实施方案（2020~2022年）》，计划到2022年智慧交通、智慧能源、智慧旅游、工业互联网试点示范达到全国一流水平，云南新型基础设施建设水平进入全国领先行列；决策部署了实施基础设施"双十"重大工程，与持续实施多年的"四个一百"重点项目，在补齐铁路、公路、轨道交通等传统基建短板的基础上大力发展5G、人工智能、工业互联网、智慧城市、教育医疗等新型基建。公共服务是满足人民追求美好生活的基础保障，公共服务质量是评价公共服务水平的重要指标，云南省发改委制定出台了《关于在公共服务领域加快推进政府和社会资本合作模式的实施意见》，加快推进公共领域政府和社会资本合作模式，加强资源投入和设施建设，坚持以人民为中心的发展思想，有针对性地提升公共服务管理水平和效率，大力发展智慧旅游、"一部手机游云南"等，促进文化旅游、健康旅游全面发展。

三 云南康养旅游转化路径：全面拓展谋划未来

（一）顶层设计谋划康养旅游新发展

高瞻远瞩，完善顶层设计，统筹全局发展，构思蓝图，谋划永续发展。"十三五"以来，云南全力打造"健康生活目的地"，使云南旅游由传统的观光游转为"一部手机游云南"的智慧模式和"康养+旅游"的深度旅游模式。

2021年2月3日，云南省省长王予波在云南省十三届人大四次会议的政府工作报告中提出，云南要持续打造"健康生活目的地"品牌，创建国际康养旅游示范区。聚焦"文、游、医、养、体、学、智"全产业链，打造以大滇西旅游环线为代表的旅游新品牌，建设旅游大数据中心，建立智慧旅游标准体系和统计体系，发展新型乡村旅游，开发生态旅居、休闲度假、户外运动、研学科考、养生养老等新业态新产品，加快建设高原特色体育训练基地群，建设富有文化底蕴的世界级旅游景区和度假区。瞄准国际化、高端化、特色化、智慧化发展方向，统筹全局发展，加快推进康养旅游融合发展，以更高标准和要求发展康养旅游，谋划康养旅游永续发展。

（二）建设最美云南铸就健康旅居新未来

云南康养旅游资源类型丰富、分布广泛、美感度佳、品位高，可满足旅游者多层次、多种类的旅居需求。充分发挥云南自然、人文旅游资源优势，提升云南旅游形象，打造健康旅居胜地。云南丰富多彩的民族文化为健康旅居提供了新的内涵支撑，这些特有的人文属性是发展康养旅游产业重要的"软环境"，是发展康养旅游产业内在的"灵魂"。

云南城投康旅集团为全国大健康产业先行者，贯彻云南省委省政府战略决策，组建云南甘美康养产业集团，成为大健康产业链的践行者。甘美康养产业集团以医疗服务、医疗管理、养老服务、健康管理、产业投资为主营业务，提升医养产业运营能力，适时引入高质量合作伙伴、循序渐进吸收整合全省医、康、养全要素，推动从单一的医疗救治模式向"防—治—养"一体化模式转变，构建医、康、养一体的医养生态圈，推动云南医养产业产品发展，以承接云南"十四五"时期打造世界一流"健康生活目的地"重点工作任务，以支撑康旅集团发展成为拥有核心竞争力的行业领先企业。

（三）全生全养的全域康养迎接新时代

全域旅游新时代，促进塑造山水养人、旅居养老、食药养生、医疗养身、运动康养的新云南发展。

云南的生态环境是发展全域旅游和康养旅游的基础，近年来云南按照"云南只有一个景区，这个景区就叫云南"的理念大力发展全域旅游。今后以健康养生、休闲旅游为发展核心，重点建设养生养老、运动康养、休闲旅游等健康产业。云南省依托多民族和多资源的优势，利用"旅游+""生态+""互联网+""养老+""体育+"等模式，将农业、林业与旅游、民族文化、康养等产业深度融合，深度挖掘康养旅游吸引物，打造度假康养、森林康养、山地康养、运动康养等主题丰富且特色鲜明的康养旅游项目，建设具有民族地域特色康养旅游文化产品和养生养老基地。

丽江东巴秘境国际康养度假区融合了丽江独有的民族文化、自然景观与现代健康理念，把"旅游+健康""休闲+健康""酒店+健康""文化+健康"发挥到极致，以"圣洁、纯净、神秘"的纯净生态景区为核心，以"丽江氧养"的康养旅游主题为基点，以"多元化、多需求"的客群为载体，发挥云南民族饮食、民族文化特色。云南省首个由法国百年品牌婕珞芙管理的 GF 健康养生度假酒店，是云南乃至全国的第一家健康养生酒店，涵盖护肤、美容、理疗等服务。训练有素的专业服务人员提供最完美、创新、精致、顶级 SPA 服务，让游客身心得到最佳放松。

（四）功能分区建设开创协同共进新局面

推进功能区规划与建设，实现宜居、宜旅、人地和谐的空间发展格局。推进功能区规划与建设，优化云南省健康生活布局，打造以康养特色小镇为重要支撑的"一核一圈三廊五区"健康生活空间布局。其中,"一核"即昆明区域性国际健康生活中心;"一圈"即滇中多元健康生活空间圈;"三廊"分别为沿边开放经济带健康生活空间走廊、澜沧江开发开放经济带健康生活空间走廊、金沙江对内开放合作经济带健康生活空间走廊;"五区"分别为滇西南健康生活带、滇东南健康生活带、滇西健康生活带、滇西北健康生活带、滇东北健康生活带。差异化发展健康养老、文化养生、综合养老、医养结合、休闲度假、健康运动等多类型康养特色小镇,实现宜居、宜旅、人地和谐的空间发展格局。

(五)梯度布局构筑多位一体的新格局

云南地势呈现北高南低,地势高差超过6000米,有类型繁多、结构复杂的地貌,生物资源垂直分布,导致云南各个地区发展差异较大,形成了以昆明为中心的三圈经济地域结构。因此,在康养旅游发展过程中,应梯度有序开发,科学合理布局,根据云南省丰富多样的生境空间特性,有针对性地分类打造健康旅居生活目的地,形成经济、生态、社会、文化多位一体和齐头并进的发展格局,构筑"健康生活目的地"的主题形象。

云南半山酒店是集高品质度假、户外旅行、文化体验、主题营地于一体的综合性旅游产品,回归自然、野趣浓厚、环境幽静、体验功能突出是半山酒店的主要特点。大滇西旅游环线依山就势已规划了一批半山酒店的选点,在大滇西环线上,生物、气候、民族等方面展现出了多样性。半山酒店在建设中,可与交通等基础设施工程建设相配套,如依托酒店在周边环境建设小型度假综合体,或者联动周边旅游文化、乡村文化等内容,把酒店的特色体验体现出来。目前,半山酒店已入驻"一部手机游云南"平台,助力打造世界一流"健康生活目的地"。

（六）多民族融合实现健康旅居新目标

巩固民族团结，促进多民族融合，共同推动实现云南健康旅居新目标。2019年习近平总书记在全国民族团结进步表彰大会上强调："各民族之所以团结融合，多元之所以聚为一体，源自各民族文化上的兼收并蓄、经济上的相互依存、情感上的相互亲近，源自中华民族追求团结统一的内生动力。"

云南具有生物多样性、民族多样性双重优势，是民族医药康养研发的"富矿"，云南省委省政府提出全力打造世界一流的"绿色能源""绿色食品""健康生活目的地"三张牌，大力发展从"现代中药、疫苗、干细胞应用"到"医学科研、诊疗"，再到"康养、休闲"的大健康产业，走国际化、高端化、特色化、智慧化之路。通过创新民族医药康养研发，更好地把云南自然资源优势和民族文化优势转化为经济优势，在地方经济发展中发挥重要作用。民族医药体系完整，傣医药、藏医药、彝医药等民族医药均形成了比较完整的理论体系，纳西族东巴医药、白族医药、哈尼族医药、景颇族医药、佤族医药、壮族医药、苗族医药、瑶族医药也有较为成熟的实证理论。

推动各民族优秀传统文化与旅游产业的深度融合，将丰富多彩的民族文化资源进行保护、开发、利用、传承，做强做大民族文化旅游产业，加强民族团结进步与融合，共同推进大健康产业的发展，实现健康旅居新目标。

著名旅游景区石林杏林大观园为了更好展示云南省少数民族中医药文化，以及保护和传承民族医药，大力发展中医文化旅游业和中药种植业，设立云南少数民族医药馆，主要展示云南少数民族中医药文化以及提供民族医药体验，其中重点展出藏、彝、傣、苗、瑶、壮、佤等十个少数民族各具特色的中医药诊疗方法和流传于民间的传奇故事。杏林大观园以传承和发扬传统中医药文化为核心，集休闲旅游、科普教育、文化演艺、会议展览、运动健身、影视拍摄、养生养老、药材种植于一体，打造融合大文化、大旅游、大健康的综合性产业园区，形成"中医药+旅游+休闲农业"的康养旅游"杏林"模式。

（七）补齐短板，提升健康旅居新品质

优先破除当前存在的不足，为健康旅居地建设扫清障碍，发展品质旅游，提升居住环境。着力提升旅居服务品质，为游客提供安全、方便、快捷、放心和舒心的环境。特别是随着游客在旅游目的地的逗留时间变长，以及旅居的游客和"候鸟式"的游客增多，游客对旅游目的地的服务设施要求更严格、更具体。旅居对于游客意味着便捷的交友平台、自由的出行计划、多样的文化风采和全新的生活方式，旅游目的地应该通过升级旅居服务，创新服务方式，强化旅游从业人员标准。立足云南优势，找准问题短板，理论与实践相结合，朝着国际化、高端化、特色化和智慧化的方向发展，不断地升级，不断拓展附加值，提高人均消费，让云南旅游的名片更加闪亮。

昆明嘉丽泽养生谷位于滇中核心区域，是西南片区少有的健康养生地，其依托三万亩原生湿地资源及全方位配套，集合4545亩康养小镇、3716亩健康运动片区、6151亩健康医疗片区、2151亩康养度假片区四大空间板块，拥有公寓、花园洋房、庭院别墅等多样产品，坐拥国际酒店、专业赛事基地、欢乐王国、风情商业街区等产业配套集群，属于较为高端的康养旅居度假型目的地。

（八）四面拓展康养旅游新市场

空间上，北向挺进大力发展避霾避寒康养旅游，拓展中国中部市

场,大力推进避暑避寒旅游,南向拓展东南亚、南亚的国际避暑市场,东进拓展大湾区泛珠三角的健康养生市场,西出与贵州、川渝、西藏联合拓展大健康旅游以共生共荣。由于云南特殊的地理位置和舒爽的四季,人们向往云南等地进行避霾洗肺的自然之旅。云南清新的空气、充足的日照(日照时数 2000d 以上,年总辐射 3600～6700MJ/m^2)、春城般的宜人气候、日益改善的交通使之成为国内外游客四季均向往的旅游"宝地"。

从地域分布来看,四川、广东、河北、山东、河南、湖南、浙江、江苏等地对云南关注度最多,云南康养旅游客源大部分来自这些省份。这些省份空气质量与云南差异较大,结合交通等多方面因素,70%的老年人有出游愿望,其中17%的老年人经济宽裕,注重养生、养心,云南康养旅游未来将是优良选择。

云南省有着丰富多样的人文旅游资源和自然资源,应充分利用好独特资源,并在此基础上深挖旅游产业价值,持续打造优质的旅游产品和旅游服务项目,不断增强云南省康养旅游品牌的国际知名度和国际影响力,向四面八方扩展,扩大旅游市场。

(九)寓旅于居形成健康旅居新生活

云南旅游正在向深度游、品质游阶段过渡,打造健康旅居目的地是未来发展的必然要求和必经之路。在大众旅游的时代,游客们越来越注重旅游的品质,旅游形式也逐渐从走马观花的观光旅游过渡到沉浸式旅游和休闲度假游,游客深刻体会旅游目的地的文化,同时还追求身心放松,使压抑的情绪得到舒缓,甚至有些游客想通过旅游的方式治疗一些慢性疾病和追求长寿。作为旅游产业供给方的云南,应该加强旅游产业的优化力度,加快旅游产品更新的速度,寓旅游于居住当中,增加游客在旅游目的地的逗留时间,激发更多消费的可能,这便是旅居,大力发展集居住、旅游、休闲、度假、疗养等于一体的全新的旅游生活方式。

"候鸟式"旅游在健康旅游中当是十分重要的形式，游客在一个旅游地流连忘返，不仅让旅游地的发展有更进一步的可能，也让游客暂时脱离烦躁的生活，得到长时间的身心放松，使游客身心得到"康养"。云南大部分地区属于全人类最适宜的亚热带高原季风气候，冬无严寒、夏无酷暑，同时云南有很多释放不同有益健康的挥发物的自然带或地区，为发展康养旅游和康养旅居提供了多种的途径。依托云南丰富的生物资源和良好的气候环境，做好"云南人"和"到云南来的人"两篇文章，打造健康生活目的地。

（十）互动联通融合成为康养新共同体

打破行政界线，推进全域旅游纵深发展，加强区域合作，内联外拓，内外共生。云南是拥有少数民族最多的省份之一，丰富的民族文化可为全域旅游发展助力，将云南所有的旅游资源进行整体规划，充分发挥各地的优势，加强各个行政区域的联系，形成旅游目的地系统，在原有"旅游大省"基础上注入强大动力，打造"健康生活目的地"的品牌。各个行政区域应互联互通，打破游客对云南只有"昆大丽"的刻板印象，推动旅游与康养、体育、文化、教育、医学、科技等的融合，"云南只有一个景区，这个景区就是云南"。

云南帕塔拉健康管理发展有限公司为泰国帕塔拉集团的云南分公司。2017年2月，泰国帕塔拉国际集团就提出计划投资20亿元在昆明建设国际医养健康社区项目，建设国际康复医院和一体化的国际医养社区。帕塔拉集团是泰国最好的养老机构，有30多年从事医疗养老行业的经验，也是亚洲第一家获得JCI认证的养老机构。其之所以把中国市场的首个项目选择在昆明，就是看中了昆明独特的生态、气候、区位等优势，认为昆明非常适合打造"健康之城"，对在昆明发展健康旅游业充满信心。在中国实施"一带一路"建设的大背景下，根据自身技术、管理、人才、资金优势，帕塔拉集团在昆明大力发展高端医养融合健康产业，打造中国最具代表性的国际医养健康社区，在居家养老、社区养老等方面与昆明开展深度合作。2017年9月，帕塔拉集团再次来昆明拜访，与昆明滇池国家度假区相关职能部门就意向合作的养生产业项目的初步概念规划设计方案进行了沟通。2020年2月，帕塔拉集团与昆明滇池国家旅游度假区管委会正式签约，"帕塔拉·湖岸"国际康养中心项目终于落子滇池湖畔。2020年8月，滇池度假区更是提出在下半年全力加快绿地滇池国际健康示范城、泰国"帕塔拉"国际养生等重点项目建设。

贵州康养旅游发展初探

张文磊*

贵州作为全国旅游大省，按照突出特色、突出产业、突出项目、突出效益以及高质量融合创新的思路，积极做好康养旅游融合发展的相关工作，力求给贵州旅游发展注入新动力。

一 贵州省康养旅游资源

贵州省旅游资源单体涵盖所有主类和亚类，总计71609处，其中，地文景观19521处、水域风光8823处、生物景观14254处、天象与气候271处、遗址遗迹3235处、建筑与设施20598处、旅游商品2061处、人文活动2846处①。贵州省旅游资源具有如下四大特征。

（一）数量丰富、品质优异的山水和生物

贵州有"山地公园省"的美誉，梵净山世界自然遗产、赤水丹霞世界自然遗产等精美绝伦；贵州地层发育完整，有世界典型的独山泥盆—石炭纪地质公园；贵州化石数量多，关岭贵州龙和海百合化石久负盛名。贵州有41种矿产资源，储量排名全国前10位[1]。

贵州喀斯特地貌占全省总面积的61.9%，分布面积远高于云南、广西、四川、湖南等周边省份，有荔波世界自然遗产地和施秉世界自然遗产地。贵州喀斯特洞穴数量极多，已有资料的洞穴数量

---

* 张文磊，黔南民族师范学院旅游与资源环境学院教授，研究方向为旅游规划与开发、旅游景区运营。
① 贵州省旅游发展委员会：《贵州省旅游资源大普查成果转化研究》，2016。

就超过700个[2]，主要分布在黔南和黔西南，密度大，质量高，以独山神仙洞、平塘水洞、紫云的苗厅等为代表。遵义有"亚洲第一，世界第五位"的巨长溶洞系统——双河洞，毕节有织金洞世界地质公园。

贵州植物种类繁多，拥有特殊的"喀斯特森林"。据不完全统计，贵州仅种子植物就有8000种以上，其中木本植物148科600属[3]。贵州林区内平均负离子浓度达3000个/立方厘米。截至2020年，森林覆盖率达60%。铜仁印江县的紫薇王，毕节赫章的韭菜坪，六盘水妥乐的古银杏林，黔南长顺的银杏王、三都的古茶树林、平塘的古楠木林等为古木代表。

贵州具有药用价值的资源多达3700多种，具有中国中草药品种8成以上，知名药材有32种[4]，是全国道地中药材四大产区之一，天麻、灵芝、杜仲、何首乌、珠子参、野党参、牛黄、五倍子、艾纳香、金银花等的产量最为丰富。贵州的国酒茅台、中国十大名茶"都匀毛尖"以及"遵义红"、湄潭翠芽、凤冈富锌富硒茶、"老干妈"辣椒酱、从江椪柑、罗甸红心橙和火龙果、修文猕猴桃、赫章核桃等绿色优质产品畅销国内外。

贵州省水源非常丰富。贵州不仅黄果树瀑布久负盛名，有72个区县分布着地热与温泉旅游资源单体146处，占贵州88个县市区的82%。息烽温泉富含氡泉，是优质热泉；石阡温泉富含硒、锶等多种矿物质，即可洗浴亦可直接饮用；剑河温泉富含氡和硫，被称为"苗疆圣水"；独山的羊场温泉则被称为"水族圣水"。

（二）得天独厚的舒适宜人气候

贵州属于亚热带湿润性季风气候，气候温暖湿润，年平均气温在14~16℃，7月平均温度为22~26℃，1月份温度为3~6℃，素有"金不换气候"，冷热适度的"天然空调"之美誉，成为最佳避暑地，同时也有潜力成为冬季避寒避霾的首选地，拥有以"爽爽的贵阳"、"凉都六盘水"、毕节威宁等避暑胜地。

（三）珍贵独特的多彩民族历史文化

贵州既有安顺距今 16000 年的普定穿洞古人类文化遗址，距今 12000 年的兴义猫猫洞古人类遗址，也有多姿多彩的夜郎古文化；不仅有世界文化遗产遵义海龙屯古战场遗址，镇远古城、青岩古镇、福泉古城等，更有享誉世界的"中国天眼"。

全省有 49 个民族，在全国仅次于云南省，仍然保留着丰富多彩的传统文化，如苗族悠远的亚鲁王史诗，神秘的牯藏节和精彩纷呈的服饰；布依族"四月八"和"八音坐唱"，侗族大歌和鼓楼，水族的端节、卯节、马尾绣和"夺咚"；瑶族的"凿壁谈婚"和"呃嘣"，毛南族猴鼓舞和"斗牯牛"等。西江苗寨、芭莎苗寨、朗德苗寨、黎平侗寨、三都咕噜水寨、兴义纳灰布依寨等少数民族特色村寨驰名中外。

（四）丰富厚重的革命史迹文化

贵州曾经先后建立过遵义、黔东、毕节、滇桂黔边区等革命根据地，红军长征的脚步遍布贵州的 68 个县市区。除了耳熟能详的遵义会议会址、四渡赤水遗址以外，土城之战遗址，荔波黎明关，独山深河桥抗战遗址，息烽集中营以及铜仁、都匀、六盘水的"三线文化"都成为革命传统和爱国主义教育基地。

二　贵州康养旅游发展的总体状况

（一）康养旅游供给主体

1. 全省政策支持

贵州省出台了《关于促进健康旅游发展的实施意见》、《全省康养医养旅游产品建设三年行动方案》、《贵州省森林旅游发展规划》、《贵州省温泉产业发展规划》、《关于贵州省创建全国体育旅游示范区的意见》和《贵州省标准化推进乡村旅游高质量发展工作方案》等相关政策，推动了全省健康旅游高质量发展。

2. 旅游景区景点

截至2020年，全省A级景区共有415家，其中5A级旅游景区7家、4A级旅游景区129家，3A级270家、2A级9家；全省纳入统计的旅游住宿设施及餐饮单位有3387家，其中限额以上餐饮企业1119家、星级饭店231家；旅游商品企业1527家。国家级旅游度假区2家，省级旅游度假区35家，国家全域旅游示范区7家，国家级生态旅游示范区4家，国家级文化生态保护试验区1家。贵州成功入选国家全域旅游示范省创建单位，成为全国8个创建省份之一，18个县市列入国家级创建单位。全省共评定标准级以上乡村旅游村寨、客栈和三星级以上经营户2406家，创建省级以上乡村旅游重点村189家，其中全国乡村旅游重点村38家；全省建成康养、医养项目382个，总投资共计2654.84亿元[2]。

（二）康养旅游产品

1. 单一型康养旅游产品

康养旅游产品较多，如荔波小七孔景区、贵定金海雪山景区，各中心城市的公园如贵阳的黔灵公园、花溪公园、小车河湿地公园，都匀的杉木湖公园，兴义市赵庄·康养运动公园等。

健体旅游产品代表性的有都匀国际足球小镇、凯里下司国家皮划艇基地。

养心旅游产品较多：如以红色文化为主的长征会议会址、烈士故居、土城纪念馆、独山深河桥抗战文化园、息烽集中营等，以爱国主义教育为主的罗甸麻怀爱国教育基地、都匀三线文化馆，以科普为主的中国天眼科普基地、关岭国家地质公园、荔波茂兰景区、贵安大数据旅游景区，以文化展示为主的都匀茶文化博览园，秦汉影视城及各类博物馆、科技馆等。

2. 复合型康养旅游产品

（1）生态康养旅游产品

生态康养旅游产品是以单个自然要素或者自然要素综合体为基底打造的康养旅游产品，常见的有温泉、森林、岩土、气候、"3S"等。

温泉康养旅游产品：温泉几乎具备了除健体以外的康养功能。近年来，贵州温泉产业发展迅速，形成了"温泉+"的经营模式，息烽温泉、桐梓枕泉翠谷康养中心、石阡温泉、思南悬崖温泉、剑河温泉、丹寨万达锦华温泉酒店、龙里云从朵花温泉度假中心等百花争艳。

森林康养旅游产品：黔南的荔波茂兰世界自然遗产地、龙里贾托山、都匀绿博园、都匀斗篷山国家风景名胜区、都匀青云湖森林公园、独山紫林山国家森林公园、龙里龙架森林公园、黔东南雷公山国家森林公园、毕节七星关拱拢坪国有林场、毕节百里杜鹃景区、贵州盘州妥乐古银杏村、兴义市万峰林森林康养基地等具备较高的森林覆盖率，大量的负氧离子，优美的景观，非常适宜避暑养身和养心。长顺杜鹃花节、贵定金海雪山旅游文化节、荔波梅花节、福泉梨花节、龙里刺梨花节等生态文化节事活动更丰富了森林康养的内涵。

（2）休闲度假康养旅游产品

贵州的休闲度假康养旅游产品主要有乡村田园，贞丰三岔河康养度假旅游基地，安顺经开区安湖—羊场，遵义百草园、凤岗茶海之心，都匀毛尖镇、独山天洞景区、福泉黄丝江边寨、凯里市云谷田园景区、麻江药谷江村等，其拥有优美的环境、较为丰富的物产，成为养身、养心之地。

(3) 运动康养旅游产品

运动康养旅游产品具备了保养和疗养的全部功能。"十三五"期间贵州成为国家首批体育旅游示范建设区。在兴义举办了首届国际山地旅游暨户外运动大会。毕节有远近闻名的金沙冷水河溯溪大赛、韭菜坪徒步穿越大赛。在盘州市成功举办"山地英雄会",建设了紫云格凸河、野玉海、梅花山、牂牁江等一批体育旅游融合示范景区。遵义十二背后景区、安龙犀牛洞、开阳猴耳天坑景区、荔波酷玩森林景区、平塘水洞软探险营地等的洞穴探险逐步成为新亮点。

(4) 文化康养旅游产品

文化康养旅游产品具备了保养和疗养的全部功能。

特色小镇：贵阳的青岩古镇、多彩贵州城,铜仁的万山朱砂古镇、黔东南的镇远古镇、凯里下司古镇、丹寨万达小镇,黔南的荔波古镇、龙里水乡生态城、独山净心谷等成为绝佳的养心、养身之地。

特色村寨：特色村寨主要是以特色民俗养颜、养身、养心为主,从江县翠里乡高华村瑶族村、加榜百里梯田瑶浴温泉、荔波瑶山古寨景区的"瑶浴"成为远近闻名的淋浴保健方式。从江小黄侗寨的侗族大歌,芭莎苗寨"最后的枪手部落"则颇为养心。

(5) 生态和文化综合型康养旅游产品

六盘水市水城野玉海森林康养基地,集休闲度假、生态科普、民族文化体验、温泉康养、山地运动于一体。赤水河谷康养度假旅游基地,凭借赤水丹霞世界自然遗产、古镇、茅台酒文化、长征文化等资源形成高质量的康养地。

(三) 康养旅游市场

2017年至2021年4月15日单一型康养旅游产品类的茂兰景区接

待游客共计25.2453万人，省内客源占39.51%，省外游客占60.49%；省内客源中90%来自贵阳；省外客源中5.98%来自广西，27.29%来自广东，34.51%来自四川、重庆、云南、湖南等西南省份，23.17%来自东北、华北等地区。

就生态康养旅游产品来说，2017年至2020年以温泉康养旅游产品为代表的黔东南剑河县接待游客共计1382.45万人[4]。2018年至2020年铜仁市石阡温泉景区接待游客共计186万人。省内客源占比分别为73.98%、81.96%、82.97%，来自贵阳的分别为18.38%、18.11%、19.50%；省外客源中湖南分别占6.13%、6.36%、5.15%，重庆分别占3.29%、2.51%、1.88%，四川分别占1.53%、1.37%、1.45%。2017年至2021年以森林康养产品为代表的六盘水娘娘山国家湿地公园接待游客共计229.6万人。2018年至2020年避寒胜地罗甸县接待游客共计95.32万人，游客量排位依次为广西、贵阳、重庆、四川、湖南、广州。罗甸红水河景区2017年至今接待游客共计28万人，省内客源占60%，省外客人占40%；省内客源中60%来自贵阳。省外客源中50%来自广西，40%来自四川、重庆、云南、湖南等西南省份，10%来自东北、华北等地区。

文化康养旅游产品类的青岩古镇游客人数从2011年的80万增长至2019年的870万。另外，旅游收入同样创造了九年增十倍的"传奇"，从1亿元增长至11.8亿元。综合美团和携程两家平台的数据，青岩外省游客主要来自以下十地——广东、江苏、四川、北京、上海、重庆、湖南、广西、湖北、云南；已有600余年历史的青岩古镇，其粉丝却很年轻，"90后"已经是青岩旅游消费的绝对主力军，24~30岁这个年龄段的游客占比超40%。

2017年至2020年生态和文化综合型康养旅游产品类的樟江景区客源分布见表1。

表1 2017~2020年荔波县樟江景区客源排名前十分布

单位：%

排序	2017年 省份	比例	2008年 省份	比例	2019年 省份	比例	2020年 省份	比例
1	广东	18.69	广东	13.90	四川	9.39	贵州	16.83
2	贵州	17.10	贵州	5.50	广东	9.24	四川	10.16
3	广西	7.32	江苏	7.00	贵州	7.17	广东	9.52
4	上海	5.53	广西	5.67	江苏	6.20	湖南	7.85
5	重庆	4.65	上海	5.50	湖南	6.16	江苏	4.84
6	湖南	4.62	四川	5.16	湖北	4.96	广西	4.17
7	江苏	4.54	浙江	5.12	山东	4.29	上海	4.15
8	浙江	4.44	湖南	4.75	浙江	4.17	河南	3.46
9	北京	4.24	重庆	4.50	上海	3.86	湖北	3.26
10	四川	3.63	湖北	3.98	辽宁	3.77	江西	3.15

资料来源：荔波县文化和旅游局。

三 贵州康养旅游发展的问题

（一）康养旅游供给质量需要提升

省级层面对贵州康养旅游整体发展的思路清晰，但各地州、市、县因地制宜有待增强。相当一部分景区、基地的从业人员对康养旅游的内涵不清。运动康养旅游、疗养旅游等人才数量不足，质量不高。

（二）康养旅游产品有短板

1. 种类不齐

从康养旅游产品的类型来看，贵州暂时没有单独的针对女性的养颜旅游产品，更缺乏针对病患群体的医疗旅游产品和复健旅游产品。

2. 深度不够

相当多的景区产品基本只具备观光功能，与康养之名有较大的差距。对溶洞、特殊土壤、特殊岩矿、矿泉、小气候、长寿老人健康生活理念等康养资源挖掘和利用不足。部分景区、基地徒有康养之名，却行观光之实。

3. 特色不明

相当多的景区、基地盲目追求康养产品的大而全，温泉、负氧离子、SPA、禅茶一味、马拉松比赛、山地自行车竞赛、赛车越野等满天飞，彼此之间的差异化不明显，地方自然和历史文化底蕴彰显不足。

（三）康养旅游市场欠精准

在康养旅游中，除了一日休闲游外，其他的都需要过夜甚至更长的时间。而在贵州省的旅游总人数中，观光旅游市场占了主流。例如，著名的荔波世界自然遗产地就长期陷入留不住游客的怪圈，其最具有吸引力的小七孔景区成了贵州一日观光游的代表。

四 贵州康养旅游发展的途径

（一）强化供给职能

1. 强化政策支持

各地州市要重点出台支持康养旅游发展的补充政策，加强项目用地、税收的支持，完善投入机制。组织康养旅游示范县、基地的评选命名活动及康养旅游知名品牌创建活动，融合康养产业体系，实现本地康养旅游的重点突破。

2. 加强推广宣传

对康养旅游的宣传要避免笼统的养身、养心之说，要区分市场，突出亮点，找准黏合点。

3. 加强康养人才供给

充分依托贵州高校的医疗、旅游、体育等专业，培养、培训高质量的康养旅游管理人才，重点培养疗养旅游、运动康养人才。依托相关职业学校，培养、培训高质量的康养旅游服务人才。

与医疗机构、养老机构联动，重视乡土医生的作用，建立立体多层次的疗养人才供给体系。

提高乡村旅游组织化程度，建立乡村旅游致富带头人、模范户培训和评比制度。

（二）补齐康养旅游产品类型的短板

增加单独的养颜产品或者增强复合型产品中的养颜成分。新增以旅居养老社区为主的医疗和复健相结合的疗养旅游产品。

（三）提升康养旅游产品质量，凸显康养旅游产品特色

1. 生态康养旅游产品要有高度

（1）推进"温泉旅游省"建设

推动温泉资源的综合开发利用，在石阡、金沙、剑河、息烽、绥阳等温泉资源丰富的地区，围绕黔贵六广温泉、温水温泉、马岔河溪麓温泉、滨水温泉小镇、落别龙井温泉、枫香温泉、硕泰温泉酒店、水晶温泉、绥阳汇善谷矿泉水厂、（湄潭国际）温泉大酒店、渗塘坝温泉（长水田地热）、黄果树郎宫温泉、百灵温泉、启化地热、赫章九股水温泉旅游区、夜郎古泉（石阡城南温泉）、石阡温泉群、九天温泉城、响乐温泉、鲍瓜温泉、思州温泉、剑河温泉、浪洞森林温泉

山庄、格尼斯温泉大酒店、九龙洞温泉度假庄园、普安森林温泉等实施温泉旅游重点项目工程。

引入国际知名温泉运营管理集团打造石阡温泉、剑河温泉、枫香温泉，建设贵州温泉旅游精品。结合贵州气候特征、生态优势等，深入研究温泉泉质，引进优质的医疗资源，对接国际顶级医疗旅游中心、健康养生服务集团、医学中心、时尚健美健身中心等机构，与日本箱根集团、日本 Resort Trust 集团、香格里拉集团豪华水疗品牌 Chi Spa 等国际品牌企业合作，衍生开发富有科技含量的医美产业，让国际水准高端养生品牌落户贵州。同时，加大供给"小而精，小而美"的中高端温泉旅游产品，构建"温泉+"产业体系，打造高水平温泉之省。

（2）重点发展避暑避寒度假养生旅游产品

大力建设贵阳全国避暑养生养老基地。发挥黄果树旅游区全省旅游业发展中龙头带动作用，推动"黄果树+"的产品业态培育和产业整合，加强国内外高端度假休闲、住宿业态的导入。以旧州城和安顺市为依托，以培育安顺避暑康养生活和"夜旧州"品牌为重点，完善城市休闲功能，构建重要的综合服务接待基地和康养避暑基础，推动安顺旅游业转型升级。立足六盘水市"中国凉都"气候优势和高速高铁交通优势，以盘州市为中心，大力推动避暑康养社区规划建设，探索推进避暑康养产业的发展模式；联动乌蒙大草原、娘娘山国家湿地公园、妥乐古银杏景区、哒啦仙谷景区等转型升级，开发避暑旅游地产、温泉养生、生态休闲度假等旅游新业态，建设成为中国西南地区休闲避暑度假高地。创新发布景区避暑指数，建立多个避暑指数发布平台，借助"避暑指数"发布后续效益，推出避暑居所、避暑地图、避暑餐饮，面向全国招聘避暑体验师，共推避暑旅游品牌。

充分发挥罗甸、望谟等地的天然温室气候条件，大力发展罗甸千岛湖等避寒康养旅游产品。

喀斯特洞穴环境主要由洞穴空气、水、洞穴围岩和固体堆积物以及少量动植物组成，它是一种特殊的小环境，具备温度相对稳定、相对湿度大、空气负离子含量高、空气清洁、生物量少等特点。同时，洞穴围岩、堆积物、水等造就的洞穴景观幽静而黑暗，营造着洞穴康养的心理环境，适于舒缓人体压力、调节身心健康[5]。依托溶洞内部冬暖夏凉的环境，在黔南州、黔西南州打造有益身心健康的溶洞康养旅游产品。

2. 文化康养旅游产品要有深度

以遵义红色旅游名城为核心吸引物，以长征主要行进线路为纽带，串联辐射黎平会议旧址、瓮安县猴场会议会址等重要节点，强化长征精神与红色文化传承，打造红色旅游精品带。

依托全省各自治州、县的大量保存完好、特色鲜明的少数民族村寨、中国传统村落和古镇名镇，全面加强文物古迹、历史建筑、特色民居的保护，深度挖掘和合理利用民族传统文化资源和非物质文化遗产，支持传统村落与文化旅游业的融合发展，推动重点打造藏羌彝文化走廊、环雷公山苗文化、黎平—从江—榕江侗族文化、铜仁土家族文化、三都水族文化、黔南—黔西南布依族、务川—道真仡佬族文化等特色民族文化旅游带。

"以平塘天眼、天坑、天书、天空之桥"为核心吸引物，在罗甸县边阳镇、平塘县塘边镇、克度镇和通州镇重点发展天文科普研学，充分利用VR、AR、3D/4D等高科技手段进行动态展示和全息体验；大力发展地质地貌亲子游和研学旅行，"天（天文民俗）地（喀斯特地貌）人（牙舟陶、八音弹唱等少数民族文化）"融合游等康养旅游产品。

重点在遵义、贵阳发展酒文化观光体验、酒文化深度体验、民俗酒庄休闲度假等新业态，大力推进酒旅融合，建设世界名酒文化旅游带，打造醉东方·中国酒文化旅游窗口。

以贵阳市和七个地州中心城市为核心，重点围绕游客集中、市民活动集聚、创业创新活跃，依托城市休闲公园、特色历史文化街区、城市综合体以及城市文体广场等，开发一批富有创意文旅优质项目和产品，推动各市及具备条件的县（市、区）形成"夜间购物、特色餐饮、文体娱乐、演艺体验、观光旅游"五位一体的文旅消费集聚区。深度挖掘城市历史、文化和传统，引入创新创意元素，打破食、商、旅、文、体等消费边界，培育具有城市个性的文化休闲品牌。

3. 生态和文化综合型康养旅游产品要有厚度

发挥铜仁梵净山、乌江、傩戏、民俗等资源优势，依托原生态自然资源和温泉资源，以梵净山为重要支撑，以破解瓶颈、协同发展、串联融合、共享共建为路径，提升旅游服务品质。

发挥毕节织金洞、百里杜鹃、韭菜坪、草海等资源优势，依托百里杜鹃、织金洞等核心吸引物，强化夜郎文化和彝族文化的创意、包装和挖掘，打造"古彝圣地、文化高地"，推进向避暑旅游目的地的转型提升。

充分发挥荔波"世界遗产地，地球绿宝石"品牌优势，强化全域旅游服务，打通漳江发展轴，构建以大小七孔旅游景区为核极，以瑶山景区、酷玩森林、方村、黄江河湿地公园等为增长点的世界级情境式山水旅居度假目的地和国家多民族文化保护基地。

依托罗甸等长寿之乡良好的生态环境和特色生活方式，瑶浴等贵州民族特色资源，建设名贵中药材种植基地和中药科技农业，深度开发气养、食养和疗养旅游。

4. 休闲度假康养产品要有广度

围绕重点景区和核心城市周边乡村、重要特色农副产品地方品牌生产标志地，以环贵阳乡村休闲旅游带、安顺市黄果树特色农业旅游带、安顺市格凸河乡村农业旅游带、盘州市娘娘山农业旅游带、凉都猕猴桃产业旅游带、遵义市湄潭—凤冈茶旅文化旅游带、巴拉河民族文化旅游带等乡村旅游廊道建设为重点，建设乡村养生养老基地、研学旅行基地，建设国内知名的乡村休闲度假地。

5. 运动康养旅游产品要成为新亮点

依托贵州省山地旅游和多民族文化资源，以黔西南、黔南、遵义、六盘水等州市为重点，依托坝陵河特大桥、乌江特大桥、北盘江大桥、赤水河特大桥、江界河特大桥、平塘特大桥等世界级的桥梁，大力发展高桥蹦极、攀岩、伞降、翼装飞行等极限运动和水上运动；依托不计其数、形态各异的喀斯特洞穴资源，大力打造洞穴硬探险和洞穴软探险体育旅游产品；将民族民间传统体育项目与户外运动相结合，打造"奔跑贵州""探秘贵州""悦动贵州""水韵贵州"等体育赛事，提升山地户外运动品质，将体育旅游培育成为新的增长点。

6. 医疗复健旅游产品要有突破

龙里双龙镇紧邻贵阳市，有医药生产的良好基础；且进驻云安娜度假酒店、彩歌堂客栈、24°坞客栈、涵舍、涌聚德客栈等十余家住宿品牌；小镇周边配备商业购物中心、户外运动拓展基地、温泉康养区、疗养中心、幼儿园及各类中高端住宅小区，具备大规模的社区接待能力，可涵盖养老机构、社区疗养、医疗卫生、文体活动、公共游憩、教育培训、交通出行等各板块。可以引入贵州省非物质文化保护遗产、贵州省著名商标——胡三帖，联合打造"双龙镇名医街项目"，邀请贵州各地名老中医、民族医师、非遗文化传承人等众多优秀医师入驻，打造以苗药文化为主题的特色"离城型"与"疗养型"康养理疗基地。

（四）加强康养旅游市场细分，精准营销

1. 激活省内康养旅游市场

开展"贵州人游贵州"等活动，顺应城市居民消费结构升级的需求，建立健全旅游惠民长效机制。落实教育部关于中小学生研学旅行的相关规定，创新性推动贵州大学生旅游的开展。

2. 深耕核心旅游市场

重点围绕成渝城市群、珠江三角洲等重点旅游市场，强化开发贵州山地避暑养生、特色民族医药养身、特色美食养身等康养度假旅游产品。

3. 拓展中远程客源市场

围绕长江三角洲市场、沪昆高铁沿线市场，鼓励省内旅游企业与各地旅行商深度合作，大力推介贵州的避寒康养产品、文化康养旅游产品和运动康养旅游产品。

4. 突破入境旅游市场

依托国际山地旅游大会、中国—东盟自由贸易区文化旅游周等国际交流平台，优化入境旅游政策，健全国际山地旅游联盟推广体系，拓展跨境旅游合作领域，开发日韩、东南亚、欧美等高端客源市场，努力培育印度、俄罗斯等新兴市场，促进入境旅游持续稳定增长。

注　释

[1] 毕文君：《贵州发展康养产业的 5 个理由》，《当代贵州》2020 年第 33 期，第 14~15 页。

[2] 高占冬、吴克华、李坡、贺卫、陈玉合：《贵州省喀斯特洞穴旅游资

源开发现状的思考》,《绿色科技》2019年第10期,第235~238页。
[3] 张光辉、官加杰、范贤熙等:《贵州省森林公园自然类景观资源定性评价》,《林业调查规划》2011年第3期,第132~134页。
[4] 黄巨朋、刘振男:《贵州省康养旅游资源开发与利用研究》,《旅游纵览》(下半月)2019年第16期,第142~143页。
[5] 贾真真、黎有为、高占冬、汪炎林、吴克华:《喀斯特洞穴康养适宜性评价——以贵州红果树景区天缘洞为例》,《中国岩溶》2019年第5期,第815~822页。

海南省休闲康养产业现状与发展对策

黄朝明 汤世康[*]

一 前言

2016年印发的《"健康中国2030"规划纲要》，提出未来15年，是推进健康中国建设的重要战略机遇期[1]。"十四五"规划和2035年远景目标纲要提出，全面推进健康中国建设，把保障人民健康放在优先发展的战略位置，坚持预防为主的方针，深入实施健康中国行动，完善国民健康促进政策，为人民提供全方位全生命期健康服务。

海南是我国的自由贸易港、国际旅游岛和唯一的热带岛屿省份。在海南自贸港建设开局的历史性机遇以及遭遇新冠肺炎疫情的历史性考验的背景下，合理利用海南的政策、区位和资源优势，优化调整当前经济结构、提高现代服务业水平，发展休闲康养产业，对于实现社会稳定、经济内循环有着重大意义。海南省政府根据十九届五中全会精神、习近平总书记"4·13"重要讲话、中央12号文件、《海南自贸港建设总体方案》，提出到2025年，要基本形成以观光旅游为基础、休闲度假为重点、文体旅游和健康旅游为特色的旅游产业体系，旅游消费业态更加完善。海南明确和制定了"十四五"期间旅游、文化等板块的主要目标和主要任务。其中，旅游方面立足海南自由贸易港建设，打造国际知名度假天堂、康养天堂、购物天堂和会展高

---

[*] 黄朝明，博士，海南大学公共管理学院教授，主要从事乡村规划与区域发展研究；汤世康，海南大学公共管理学院研究生。

地。这意味着统筹海南城乡休闲康养产业资源，发展休闲康养产业，已是当前的重要任务。

二 基本情况

医疗健康产业和旅游业是《海南省总体规划》提出要重点发展产业。海南省政府不断加大对休闲康养产业的重视，海南休闲康养产业得到了飞速发展。但海南康养产业起步相对较晚、起点较低、产业形态较为单一，尚未形成系统的产业和规模，在一定程度上还处于自发状态。近年来，随着经济的发展，工作的压力逐渐增大，人们越来越渴望能够慢下来享受生活，希望在工作之余来到宁静的乡村体验田园生活，越来越多注重生活品质的城市人选择来到乡村休闲放松[2]，这是休闲康养产业发展的巨大的机遇。

（一）海南休闲康养产业的发展条件

1. 自然资源条件适宜

海南岛地理位置介于东经108°37′~111°03′，北纬18°10′~20°10′，属热带季风海洋性气候，全年温暖无冬，被誉为"天然大温室"，拥有三亚休闲田园温泉、保亭呀诺达热带雨林文化、陵水分界洲岛等闻名全国的休闲康养产业品牌。海南岛四面环海，环岛海岸线长1618千米，沙岸占50%~60%，沙滩宽百米至上千米不等，主要有海滩、滨海水体、深海水域等资源[3]。2020年，海南省环境空气质量优良天数比例创新高，达到99.5%，是空气质量新标准实施以来最高水平，海南拥有湿地面积480万亩，森林覆盖率高达62%，是呼吸系统疾病疗养的优质地点；海南省拥有丰富的土地后备资源，大部分未利用的荒地是集中和连片的，具有很好的发展休闲康养行业的潜力；海南动植物药材丰富，素有

"天然药库"之称，尤以"南药"资源最为丰富，具备发展康养产业的巨大优势。

2. 文化汇聚多元

在文化方面，海南将建设成为国家对外文化贸易基地、"一带一路"国际文化交流基地、世界文化艺术品交易基地和展示中华优秀文化、彰显中国文化自信的重要窗口。在"十三五"期间，海南开展了"非物质文化遗产+公共文化+旅游综合体验区"制度创新试点工作[4]。海南岛成功举办了三届海南岛国际电影节，这是面向世界的文化交流平台，也是海南岛的一张亮丽名片。

海南生活着黎族、苗族、壮族等少数民族，少数民族人口158.3万，占全省总人口的15.70%。海南少数民族文化底蕴深厚，民族特色鲜明，地域特征明显，如民族韵味浓郁的音乐舞蹈、独特的建筑、传统的民间工艺、特殊的婚丧嫁娶及节日庆典等；独特的气候与地形使得海南拥有众多特色农业文化遗产，其中海口羊山荔枝种植系统、琼中山兰稻作文化系统入选第四批中国重要农业文化遗产；临高有"鱼米之乡""中国民间艺术之乡"的美誉；"黎族船型屋营造技艺"被列为国家非物质文化遗产；白沙黎族原始农耕社会祭祀礼仪"老古舞"和"陶器烧制技艺"被列为国家级非物质文化遗产等[5]。

（二）海南休闲康养产业的发展环境

1. 政策支持

海南省是国际旅游岛、自由贸易港，全岛实施59国入境旅游免签。海南是全国唯一的省级政府建制的特区，拥有地方立法权，实行"小政府大社会"，以及省直接管理市县的行政体制，有利于办事效率的提高和推行经济社会的改革[6]。

根据《海南省旅游发展总体规划（2017~2030）》，海南提出了走"旅游+"融合发展道路，确定了康养旅游的规划以及产业融合的规划。2019年海南省卫生健康委员会、省发展和改革委员会两部门联合制定了《海南省康养产业发展规划（2019~2025年）》。2020年，海南提出围绕旅游、交通运输、金融、商务服务、技术服务、医疗健康、教育、文化娱乐等重点领域，分类放宽准入限制、促进消除行政壁垒、完善监管体系、深化重点领域改革。以上政策红利的释放均体现了海南发展休闲康养产业的政策优势。海南省政府相关部门积极支持休闲康养产业的发展，在规划发展、法制建设、规范化管理方面做出了一定努力，取得了一定成果。

2. 社会经济支撑

十九届五中全会提出，要构建以国内循环为主体的经济发展新格局。作为我国的自贸港，海南应着力建设为国内国际双循环的重要枢纽。当前海南的社会经济保持稳定快速增长，社会经济环境良好，城市居民更加注重生活，追求休闲与健康。海南省十二大重点产业发展迅速，根据相关数据统计：2019年，全省生产总值5308.94亿元。海南省2019年三次产业比例为20.3∶20.7∶59.0。全省旅游接待8311.20万人次，旅游业收入为1057.80亿元。博鳌乐城国际医疗旅游先行区、三亚市中医院等一批特色医疗机构，正在发挥着卓越的医疗保健行业的集聚效应，成为引领海南省康养产业发展的引擎。海、陆、空交通体系、公共服务设施正在逐步完善，服务人员数量不断增加，为康养产业发展打造了良好基础。

3. 市场发展迅速

《2021年中国旅居康养产业发展白皮书》显示：全球康养旅游市场规模预测到2022年将达到9190亿美元，目前我国中等收入群体已超过3亿人，大致占全球中等收入群体的30%以上。每年都有超过百万的"候鸟"人群来海南旅居康养。2010年以来，海南的旅游业保持了较高的发展速度，来琼旅游的外地游客数量显著增加，客源市场稳步扩大。根据数据统计，2019年全省旅游接待8311.20万人次，旅游业收入为 1057.80 亿元，旅游产业增加值同比增长 10%，旅游接待能力进一步提高。旅游业的快速发展也为海南休闲康养产业带来了更多的客源，为海南的休闲康养产业的发展提供了良好的市场环境。

（三）相关格局建设情况

海南的休闲康养产业与我国大陆地区相比具有相似性。以城市和风景名胜区为中心进行布局的现象非常明显，城市附近的集群特征特别明显。为了提高海南休闲康养产业的质量和效率，海南省旅游文化厅在改善营商环境的基础上，稳步推进产业投资和项目建设。中免集团、中国旅游集团等八家公司总部在海南落户。2021 年 5 月，海口举办了首届中国国际消费品博览，极大地刺激了旅游消费。

目前，海南省休闲康养产业的总体发展布局可以概括为：以博鳌乐城国际医疗旅游先行区为核心，以海澄文一体化综合经济圈和大三亚旅游经济圈为两大增长极，有序促使海南省东部、中部、西部三区协调发展。

（四）海南休闲产业发展的主要类型

海南除了发展普通的休闲康养产业外，还结合自身特点和优势，大力发展特色休闲康养产业旅游项目，有以下三种类型。

1. 热带农业休闲旅游、观光科普项目

依托美丽的热带沿海风光和田园风情，打造了热带田园休闲康养产业区。以植物或药用植物为主题开发特殊的休闲康养产业区旅游产品，开发特色养殖观光、影视拍摄、食疗、婚纱摄影、养生等特色旅游产品，如凤生香草园、兴隆热带植物园等。利用海南热带水果如荔枝、芒果和菠萝园等资源开发观光采摘项目。一些市县发挥当地的滨海优势、农业旅游资源，与当地的民俗风情结合，发展特色民宿、具有独特民俗风情的乡村旅游项目。

依托热带地区的优势条件、科研单位的创新研发能力，开发了具有科学性、创新性、产学研结合的热带农业观光旅游项目。例如："南繁基地"三亚教科文一体拓展研学课程，通过带领学生探访国家南繁展馆，培养南繁研究兴趣，了解并熟知为我国育种研究做出巨大贡献的名人事迹。将南繁育种基地打造成一个集观光、休闲、娱乐和科普教育于一体的特色农业实验基地；联合中国热带农业科学院，通过开展一系列关于热带作物特点、品种和生长环境的主题科普教育活动，打造新型农业科技园区；利用航天事业的独有魅力和强大吸引力，开发依托于航天主题公园的科学教育旅游项目，在满足游客好奇心的同时也让游客无形中爱上海南。

2. 少数民族风情观光休闲旅游项目

黎族、苗族等少数民族有着淳朴的民族风情和众多非物质文化遗产。海南黎族、苗族传统节日"三月三"作为国家级非物质文化遗产[7]，这一节日吸引着众多国内外游客，已经由黎族、苗族同胞祭拜祖先、喜庆丰收的传统节日，破圈发展为海南向世界宣传文化、扩大合作交流的重要平台，成为展示海南各族群众交往交流交融、共同团结进步的重要窗口。少数民族村落的建筑风格、饮食习惯、农业生产技术等，都一定程度转变为休闲康养产业的民间资源。

3. 乡村观光休闲康养旅游项目

为了应对农村发展滞后、村庄肮脏混乱、风俗习惯落后等问题，海南省从2000年开始在全省范围内创建文明生态村活动。现在海南省各地的生态文明村基本实现"一村一品"和"一村一景"。例如，文昌市谭牛镇通过"土地整治+"宅基地制度改革和集体经营性建设用地入市的模式，开展美丽乡村建设工作，建设生态宜居的美丽家园。通过租赁的方式，大庙村分别以3.5万元一年的价格将闲置的农房出租给企业，打造了乡愁记忆、乡隐、鹿饮溪民宿，并将村内现有农家乐和民宿改造建设以及东坡耕园共享农田联系起来，打造了大庙共享农庄。

（五）海南康养产业发展的主要类型

围绕人群的健康需求，结合海南自然资源特点，聚焦康养产品和项目开发这一核心，着重从气候康养、中医药康养、森林康养三个领域着手，建设了具有海南特色、康养主题突出的现代化康养产业体系。

1. 气候康养

海南的气候康养优势明显，尤其是11月至来年三月。依托得天独厚的气候优势，以旅游景区为载体，合理布局中医院、疗养院、运动康复中心、气候治疗中心、慢性病康复中心、公园、酒店、社区等，规划建设一批滨海气候疗养地，开拓国内外市场，开发与国际接轨的、高水平气候治疗与特殊治疗中心。依托宜养气候和优质海滩，打造面向专业运动员的国际化康复基地、面向慢性病患者的疗养基地；依托海滨气候疗养地优质的海滩、温泉，以及海滨的温度、湿度、紫外线等气候资源，探索日光浴、空气浴、沙滩浴、温泉浴与沙浴疗法相结合的特殊疗法，为风湿病、免疫力低下的慢性病人群提供自然治疗方法。

2. 中医药康养

依托丰富的黎药、南药资源和三亚国家中医药健康旅游示范基地。中医"防病于未然"的思想与康养理念不谋而合，中医药是与康养产业最为直接相关的资源，海南有丰富的热带药用植物资源，四大南药槟榔、益智仁、砂仁、巴戟天是中国传统地道药材，主要产地在海南，其产量占全国90%以上。海南药用植物有3100多种，其中载入《全国中草药汇编》的约有1100种，载入《中国药典》的有135种，常用中药材250余种，本地产南药40余种[8]。民间传统使用的药物达800余种，常用的300余种，部分品种富有明显的热带特色，如海南血竭、山苦茶、苦丁茶、金不换、鸡血藤、胆木、降香等[9]。

3.森林康养

习总书记提出"绿水青山就是金山银山"，而森林康养正是践行该理念的有效途径，也是乡村振兴战略、健康中国战略的措施之一[10]。第一批国家森林康养基地名单中，海南的霸王岭森林康养基地、乐东永涛花梨谷森林康养基地、南岛森林康养基地和仁帝山雨林康养基地在列。当前，海南拥有尖峰岭、七仙岭、黎母山、吊罗山、猕猴岭、呀诺达、五指山、白水岭、霸王岭、亚龙湾等热带雨林[11]，森林康养资源较为丰富。

三 存在的主要问题

随着自由贸易港建设的加快推进，海南未来将成为中国及世界上具有国际竞争力的旅游康养目的地，也可以成为具有国际竞争力的旅游、休闲、康养和金融保险服务消费的高地。海南休闲康养产业的发展具有得天独厚的条件优势，政府也对此做了很多的工作与投入，为海南休闲康养产业发展提供了坚实的基础，当前休闲康养产业不断丰富与升级并初具规模，但在休闲康养产业的发展中仍旧存在一些问题。与中国台湾、日本等休闲康养产业发达的地区或国家相比，海南的休闲康养产业发展相对落后，具体表现在休闲康养产业的基础设施和人工环境等方面仍有待于进一步提高、整体水平低，产业规模不大，没有将资源利用与生态保护很好地结合。这致使休闲康养产业对海南经济社会发展的贡献度相对较低，并且不能满足建设海南自由贸易港的要求。

（一）休闲康养产业品牌缺乏影响力

当前海南省的休闲康养产业相对忽视了品牌建设的必要性，品牌形象不突出，产业缺乏知名度，国际化营销缺乏，内地部分居民对海南康养品牌专业性存在顾虑，品牌价值低以及产品竞争力不足。副产品向旅游商品的开发转变落后，开发深度不够，主要是未经加工或简单加工的初级农产品，包装粗糙简单，对游客缺乏吸引力[12]，难以匹配高层次游客的购买需求。政府对海南休闲康养产业的宣传不够，导致游客对海南休闲康养产业的相关产品和服务缺乏了解，购买意愿不强。海南现有的休闲农业旅游项目中，多数未能很好地进行形象定位，没有对自身特色做出品牌推广。

（二）基础设施落后，经营管理落后

海南休闲康养产业的基础配套设施的建设相对滞后。目前海南黎族、苗族少数民族传统村落改造建设大多局限于传统元素的单调、重复利用，缺乏再生性保护设计开发。大部分企业在投资休闲康养产业时投入了大量资金，但是忽略了交通、卫生设施、商业服务等基础设施建设。这些落后的基础设施限制了海南休闲康养产业的接待能力。部分休闲康养产业的企业家未能将休闲康养与企业管理有机结合，咨询服务体系尚未完善，智慧休闲康养发展水平较低，限制了海南休闲康养行业的更高层次发展。政府缺乏对休闲康养产业的详细规划。农业农村部和旅游相关部门彼此独立，部门之间没有密切的联系，这在一定程度上限制了海南休闲康养产业的发展。

（三）文化内涵不足

目前海南康养类产品内容较为单薄，以观光型或短期休闲度假型为主，产品内涵都较为单调，不够深入，互动性较差，产品之间雷同性高，同质化竞争多[13]。海南的旅游热带动了与旅游相关文化产品的消费，但是大部分还是作为旅游纪念品销售，这些产品的农业技术含量低，主要是初级产品，竞争力不足，商业价值低。当前在海南休闲康养产业的发展中，一些地方在休闲康养农业的开发建设上背离了朴素、自然、协调的原则，脱离农村特色，没有充分结合海南的民族风俗和文化，没有将黎族、苗族的特色文化附加到休闲康养产业中。

（四）从业人员服务意识不强，缺乏专业性人才

"旅游+康养"的综合性服务岗位需要集医疗保健、旅游开发和管理素质于一身的综合性人才[8]。海南休闲康养产业的员工大多数来自当地村庄，他们大部分较少经过完整的培训或培训时间不足，员工缺乏专业知识、服务意识。一些休闲康养产业园区中，工作人员只能对休闲康养园区进行机械介绍，不能从文化和科学技术的角度使顾客理解休闲康养产业的特殊内涵与功效，并且难以满足游客的需求以及精神享受。海南省的休闲康养产业目前缺少大量的管理人员、专业服务人员、专业技术人员。行业人才的短缺限制了海南休闲康养产业的健康发展。从整体上看，海南省农家乐等涉农旅游项目处于相对无序状态、不够规范，周边基础设施、环境有待改善，服务质量有待提高，服务水平总体欠佳，缺乏专业的管理人才。有的休闲农业旅游项目还人为地破坏了当地资源和环境，这些都阻碍了海南的休闲农业旅游的发展。

四 海南省休闲康养产业发展的对策建议

当前国内有70%的亚健康人群，15%的患病人群，65岁及以上人口为19064万人，老龄化、慢性病、亚健康人群规模在持续扩大。随着经济消费能力和水平日益提高，人们对健康更加重视，康养需

求正在释放。"栽好梧桐树，自有凤凰来"，在当前全力建设海南自贸港的新形势下，对海南省休闲康养产业的发展提出以下对策建议。

（一）改善基础设施，打造美丽乡村

根据国内外休闲康养产业的发展经验，政府的财政资金周转对促进休闲康养产业的快速发展具有举足轻重的作用。海南省政府的财政计划应拨动更多的资金用于促进休闲康养产业的发展，用来推动乡村基础设施以及教育、文化、体育和卫生事业等其他服务设施的建设，让游客获得更高质量的休闲娱乐。加快打造全域旅游新格局，强化旅游景区等"点"的打造，推动全域旅游、大众旅游发展，增加高质量的旅游产品及"旅游+"产品有效供给。遵循绿色发展和可持续发展的理念，注重生态环境保护，保护海南的绿水青山，对当地物质和非物质文化遗产的保护和传承加以重视，探索资源节约、环境友好型休闲康养产业的发展道路。

形成系统化、规范化的休闲康养产业管理体系，建立休闲康养从业人员资格评估体系，严格提高准入门槛，评估当地农产品质量、基础设施水平和服务水平。

（二）挖掘文化内涵，创建特色品牌

充分挖掘当地自然资源和民俗文化内涵，大力引导乡村建设"各美其美"，实现"一村一景"，将美食、故事、民族歌舞等元素融入休闲康养产业。以海南热带优势资源为基础，明确休闲康养产业的品牌定位，以自然风景、人文文化、民族风情和海鲜美味的理念着手打造特色品牌，让海南传统特色文化融入康养产品服务中。立足南药、黎药传统产业，深度开展保健品、日化用品及保健养生服务等产品研究，进行多用途产品开发。结合海南黎族、苗族文化特色及当地

独有的民俗节日特色，打造符合消费者需求的休闲康养产品。

一方面，制定海南少数民族文化产业发展规划，避免盲目建设与重复发展。以现代化的思维、观念、工具、技术等推动非遗文化创新发展。另一方面，建立产业化经营通道，为"非遗+旅游"建立创意产业园、集聚区。探索打造融合地方非遗文化精粹的集聚区，并在节假日定期举办"非遗集市"、非遗项目展示展演等活动，将休闲康养与乡村振兴相结合，塑造乡土品牌，促进乡村"三产融合"。

（三）加强扶持监管，做大做强产业

海南省政府应在休闲康养产业发展、壮大这一过程中做好"护航"工作，休闲康养产业的发展离不开政府部门的支持与监督。结合各市县的社会经济状况，根据具体的实施意见，鼓励休闲康养产业的发展、规范康养产业的行为、引导产业的发展方向，激发社会各界参与的动力，促进休闲康养产业的发展；离岛免税政策是当前海南自由贸易港建设中的一大亮点，政府可以在休闲康养产业发展中探究税收优惠政策和投融资政策等，给予休闲康养产业在政策方面的支持。采用现代企业管理方式，结合本地本行业的特点来经营休闲康养产业。培养休闲康养产业重点企业，选择休闲康养资源优势明显的村庄作为优先发展的示范村，当示范村取得一定程度的影响力和成就之后，在海南全省推广经验，鼓励和引导有资格的农民参加休闲康养产业项目，进行适当的资金补助，为农民与企业之间的合作创造条件，加快发展，争取实现"以点带面"的示范作用；积极引导国有、民营、内资、外资多渠道开发海南休闲康养资源，力争形成一批具有特色的较大规模、较强竞争力的休闲康养产业。尝试签订"对赌协议"，从启动资金、产业土地、政策信息等方面，积极引导各市县将休闲康养产业与海南自贸港建设有机结合，为乡村、为海南谋福祉。

（四）加强人才培养，积蓄人才力量

海南应立足长远，加强人才培养、积蓄人才力量。在今后相当长的一段时间内，应培养实用型人才，充分发挥人才的价值。培养优秀的媒体人，建立适应社会趋势的宣传途径，将传统媒体与新媒体结合运用，对休闲康养产业进行多渠道、高质量宣传，使大众更好地认识、了解休闲康养产业；加大政策支持和倾斜力度，为南药、黎药种植、研发、生产、加工、销售产业化模式创造条件，促进海南中医与本地医学院校、研究所进行深度合作，加快培养中医药行业的专业人才，组建一支优秀的中医药服务队伍；开设休闲康养产业培训班，提升从业者的整体素质；培养、引进一批休闲康养产业的专家和学者，充实海南省这一领域的智库，发挥高端人才的"领头羊"作用以及紧缺人才的支撑作用；搭建面向全球科学家的研究平台和服务交流桥梁；定期召开优秀康养产业案例交流会，邀请产业代表分享经验，发挥示范作用，为想进入这一行业的人才提供可借鉴的经验。

（五）丰富文化内涵，延伸旅游康养体验

海南少数民族地区如黎族和苗族，民族特色浓郁、民俗文化丰富。海南应该以文化内涵为发力点，注重文化内涵建设，使得文化内涵与休闲康养产业相融合，重点以黎苗文化为国际特色，带动海上丝路文化、时尚文化、非物质文化遗产、历史文化、流放文化、名人文化、红色文化、军垦文化、侨乡文化、宗教文化等融合发展，打造具有海南特色文化休闲康养产业。例如，以黎苗"三月三"、军坡节、澄迈龙水节、三亚南山长寿文化节等民宿节日为载体，发展特色节日型休闲康养产业旅游项目。此外，还可以充分结合"中国传统文化"要素，为国外游客提供极具中国特色的文化休闲康养旅游项目。

（六）注重宣传营销，塑造品牌形象

促进休闲康养产业发展的重要方法和主要途径是宣传。海南应推动产业链由传统制造生产向规模化、品牌化、高附加值的价值链转型。休闲康养企业要重视品牌形象的建设和宣传，可以与国内外旅行社进行深度合作；重视通过短视频的宣传；加快建设休闲康养产业示范基地，发挥示范基地的领头羊作用，打造良好的口碑，实现口碑宣传；大力开展活动营销和节日营销；充分利用博鳌亚洲论坛和海南自贸港的知名度，加强宣传和市场营销，扩大客源市场，并努力吸引更多的岛外游客。

参考文献

[1]《"健康中国2030"规划纲要》，《人民日报》2016年10月26日，第001期。

[2] 张益、侯媛媛：《海南省休闲农业发展现状分析》，《中国市场》2017年第29期，第236~238、244页。

[3] 符国基：《海南省自然旅游资源调查研究》，《热带地理》2010年第5期，第552~557页。

[4] 海南省旅文厅：《文化自信显著增强，文化发展成绩斐然》，《海南日报》2020年12月29日，第A06期。

[5] 叶露、胡盛红、李茂芬、李玉萍、张海东：《海南岛休闲农业布局现状的实证分析》，《中国农业资源与区划》2018年第4期，第215~220页。

[6] 周其良、万玲、加木、邢梦玉、林宁：《海南热带休闲农业资源开发模式研究》，《安徽农业科学》2011年第13期，第7989~7991页。

[7] 周子平：《促进海南黎族苗族"三月三"可持续发展》，《中国民

族报》2019年4月5日，第6期。
［8］何彪、谢灯明、蔡江莹：《新业态视角下海南省康养旅游产业发展研究》，《南海学刊》2018年第3期，第82~89页。
［9］郑才成：《海南黎药发展研究概况》，《中国民族医药杂志》2007年第5期，第2~3页。
［10］罗灿：《浅析海南省森林康养产业的发展对策》，《农村经济与科技》2019年第10期，第145~146页。
［11］聂军华：《试谈海南打造全域森林康养的思路与对策》，《养生大世界》2020年第11期，第48~53页。
［12］马永慧：《休闲农业理论以及发展分析——以石家庄市为例进行分析研究》，《中国证券期货》2012年第6期，第195、198页。
［13］汪文琪、张英璐：《海南省康养旅游发展现状与对策研究》，《产业与科技论坛》2018年第4期，第24~25页。

陕西康养旅游发展报告

梁学成 王靖华*

一 陕西康养旅游的进展分析

陕西作为旅游大省,十分重视康养旅游产业的发展。"十三五"规划中,曾提出"旅游+康养"发展方向,集聚山水生态、历史文化、中医中药等要素资源,挖掘药圣文化、茶文化、温泉文化精髓,打造一批健康旅游产品;同时还提出要充分利用秦巴山地良好的自然生态环境和温泉资源,开发山地、温泉旅游产品,建设森林养生度假体验基地,实现养生、医疗保健和度假的有机结合。2020年发布的《陕西省旅游业恢复发展预案》,提出要把握文化旅游、体育旅游、康养旅游、森林旅游等旅游新业态。目前,陕西的康养旅游发展主要有森林康养、温泉康养、中医药康养和村镇康养等四种旅游类型。

(一)森林康养

2015年陕西开始推进森林康养建设,目前还处于起步阶段;2016年旬阳坝森林体验区、黑河国家森林公园成为陕西首批全国森林康养基地试点建设单位[1];2018年陕西林业局成立森林康养产业发展工作领导小组,将森林康养列入优先发展工作[2]。截至2020年底,陕西拥有全国森林康养基地试点建设单位已增至25家。此外,

---

* 梁学成,博士,西北大学经济管理学院教授,博导,研究方向为文化与旅游管理;王靖华,西北大学经济管理学院2020级硕士研究生。

陕西还不断开辟新的森林康养产业发展模式，如2020年8月木王山景区与陕西省瑜伽协会合作，共同打造森林健身瑜伽基地。

（二）温泉康养

陕西温泉资源丰富、文化厚重、历史悠久，是国内温泉文化被开发利用最早的发生地。温泉康养旅游起步较早，产品开发也较多，发展潜力巨大；2018年还大力推动了温泉与冰雪旅游融合发展。为促进陕西温泉旅游市场的健康发展，2020年3月陕西省温泉品质认证委员正式成立，完成了《陕西省温泉品质认证工作方案》和《陕西省温泉品质认证工作实施细则》；2021年1月新增5家温泉单位通过品质认证，目前全省共有11家品质温泉单位[3]，其中太白山温泉旅游度假区已成为国家级旅游度假区。

（三）中医药康养

中医药在陕西有着深厚的文化底蕴和历史渊源，其中宝鸡、铜川分别是尝百草的神农氏、"苍生大医""药王"孙思邈的故乡。近年来，陕西省对中医药康养旅游愈来愈重视。2016年陕西中医药管理局提出要广泛开展中医药健康旅游试点，培育铜川药王山景区等一批中医药健康旅游示范点并创建国家示范区；2017年铜川市已入选全国首批15家"国家中医药健康旅游示范区创建单位"；2018年省中医药管理局发布《关于促进中医药健康旅游发展和申报省级示范基地、项目的通知》，进一步推动中医药健康旅游发展；2019年还公布了3家省级中医药健康旅游示范基地及5家省级中医药健康旅游示范基地建设单位名单；2020年陕西省十三届人大三次会议中还建议设立铜川国际中医医疗旅游先行区[4]；2020年5月陕西首家中药材研学旅行基地在黄龙县建成，陕西已成为发展中医药健康旅游的重要旅游地。

（四）村镇康养

随着康养小镇上升为国家战略，结合原有的乡村旅游资源，陕西康养小镇也在加快发展步伐。2016年国家发改委发布的《关于加快美丽特色小（城）镇建设的指导意见》中指出：对于自然环境秀丽的小镇，要在保持原真性、生态性的前提下发展旅游、文化及健康养老等产业。陕西康养小镇的发展主要依托当地特有的生态、森林、温泉、中医药和宗教等多种资源，如2018年秦汉新城中国秦岭乾坤抗衰老中医药养生小镇成为首批国家中医药健康旅游示范基地[5]，2020年5月陕西省还与恒大集团在西安签署战略合作框架协议，将通过深化文化旅游、康养、体育等多领域合作，推进新型城镇化建设；2020年12月陕西首家"康养小镇"项目正式落户周至集贤产业园。此外，陕西康养小镇的发展也在逐渐走向数字化，如2019年终南山丝路智慧康养小镇项目、2020年黄龙国家级智慧康养度假区项目。

二 陕西康养旅游市场发展的分析

随着我国人口老龄化的速度加快，人们追求健康生活的观念不断增强，康养旅游市场规模也不断扩大，包括亚健康人群、追求高品质生活的健康人群、老年人群以及疾病人群。2020年新冠肺炎疫情的突袭而至，人们对健康的关注度大幅度上升，对健康管理的意识也显著增强，尤其以"80后""90后"最为突出。如今，康养旅游的需求主体正逐渐向低龄化、高学历人群转变，同时不同年龄层的人群对康养功能的需求也有着不同的特点[6]。从表1可以明显看出：随着社会人口年龄层增大，人们对康养功能的需求也增多；同时，不同年龄层的人群还出现一些共同的功能性康养需求，如在"70后"、"80

后"和"90后"三个年龄层中,都有一项首要需求是身体锻炼;在"60后"、"70后"和"80后"三个年龄层中,都有养生休闲、慢病管理两项需求。因而,通过对不同年龄层人群的康养需求分析,我们可以有效地进行康养旅游市场开发,提高市场的精准性,更好地促进康养旅游产业的大发展。

表1　不同年龄层人群对康养功能的需求特点

"00后"	"90后"	"80后"	"70后"	"60后"
康养 健身休闲	身体锻炼 健康检查 放松身心	身体锻炼 健康筛查 慢病管理 养生休闲	身体锻炼 健康监测 慢病管理 疾病防控 养生休闲 康养旅居	身心健康 指标监测 慢病管理 疾病防控 应急机制 专业照护 医疗介入 养生休闲

为了进一步分析陕西康养旅游供需市场的发展情况,本文选择10个知名度较高,且与康养旅游相关的代表性旅游地,包括终南山、太白山、华清池、青木川古镇、华山御温泉、天竺山、楼观台、药王山景区、黄陵森林公园、汤峪温泉碧水湾等,通过互联网平台,运用网络搜索引擎,以百度指数官网数据为准,对搜索量排名前五的需求地域进行分析。因受疫情影响,2020年数据有所偏差,本文以2019年数据为主,具体分析结果见图1、图2。同时需要说明的是,各旅游地搜索量的年龄分布均以"80后""90后"最为集中,受百度指数官网统计方式的局限,以及上网人数以"80后""90后"为主等原因,图1中并未列举出各旅游地搜索量的年龄分布,但根据搜索指数还是可以发现不同地区的网民对陕西康养旅游地的关注差异。从不

同康养地的网络搜索选择来看，终南山、太白山、华清池最受欢迎，说明户外性强、知名度大还是引起关注度的主要原因；从需求地缘市场来看，以省内市场为主；其次是周边距离较近的省份，如河南、甘肃、四川、山东，还有部分发达地区，包括广东、北京、福建、上海、浙江、江苏等省市。

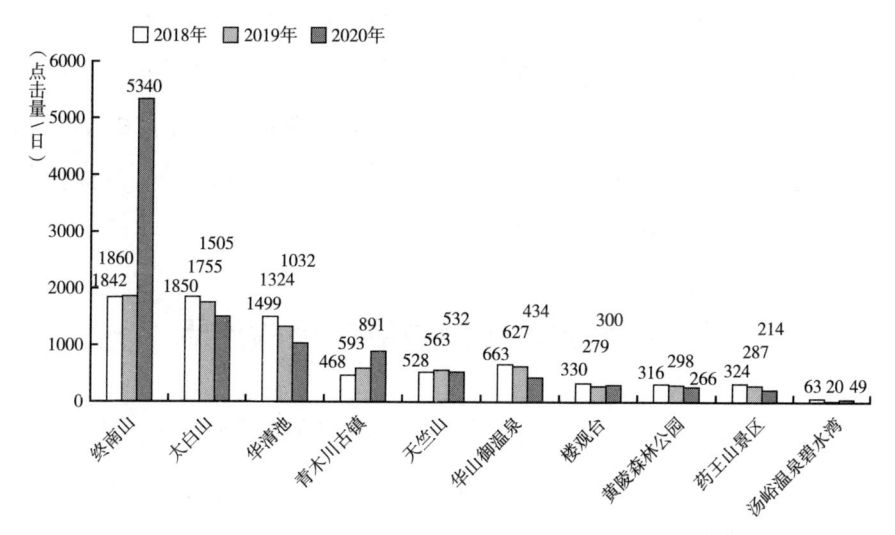

图1 2018~2020年陕西部分旅游地网络关注度

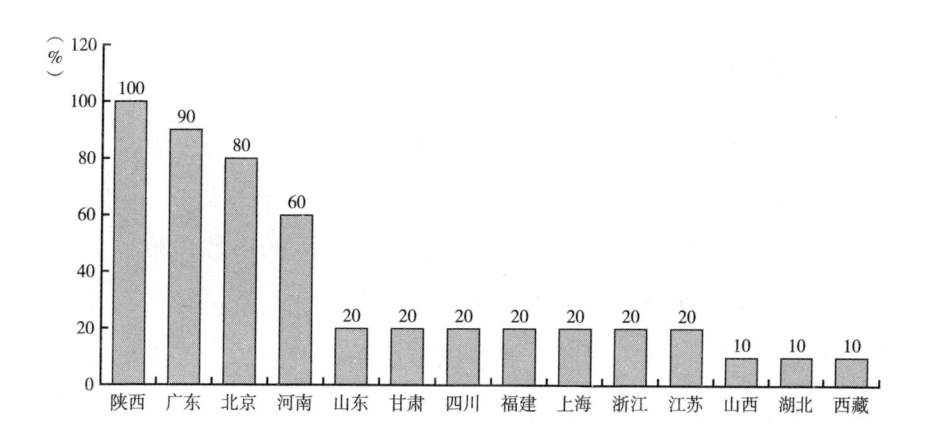

图2 2019年陕西康养旅游地主要关注地域频率情况

从以上对陕西康养旅游供需市场的分析来看，依托知名度较高且文化底蕴深厚的旅游地来发展康养旅游产品更能受到欢迎；同时我们也发现森林康养旅游的热度最高，其次是传统温泉，但是总体来看市场需求还不够。

总之，陕西康养旅游资源丰富，并已初步形成森林、温泉、中医药、村镇四大类型康养旅游市场，面对国内不断扩大的康养需求，尤其是针对不同年龄层康养功能的需求差异；还需要对康养旅游产品消费进行细分，包括康养旅游、康疗旅游、康体旅游、康乐旅游等，同时进一步提升规划、创意、设计、品牌等方面产业化水平，从而使陕西的康养旅游产业获得更大的发展。

三 陕西康养旅游发展的经验启示

陕西的康养旅游虽然起步较晚，但政府高度重视，加上各旅游地积极探索，已形成一些发展比较成功的案例地，如宝鸡太白山、铜川药王山等。为此，本文结合陕西康养旅游的发展历程以及相关案例，总结并提出以下六方面经验启示。

（一）加大政策引导

陕西的康养旅游总体上是自上而下开展的，即政府先出台一些促进康养旅游产业发展的鼓励性政策，然后各地市的旅游地相继推进，除为旅游地指明发展方向外，政府还对康养旅游的市场规范及良性发展起到一定的检查和监管作用，如温泉品质认证的政策较为有效地解决了市场乱象等问题，促进了温泉旅游市场的健康、有序发展；还有黄陵国家森林公园是陕西森林康养旅游发展较好的旅游地，它是以森林公园环境为基础，结合黄帝养生文化来开展康养旅游。2016年为适应旅游业的总体布局，陕西的规划目标就是要发展成为旅游、养生、文化等产业联动的旅游综合体。在发展中顺应政策的引领，积极参与各类示范基地的建设，不仅在2020年被评为首批国家森林康养基地，其间还获有全国森林养生基地、全国森林体验和养生国家重点建设基地、中国森林氧吧等多项荣誉，很好地实现了有为政府与有效市场相结合。

（二）重视产业布局

康养旅游是一种幸福产业，也是一项涉及民生发展的国家战略。康养旅游地除了自身发展外，各地还需要从长远发展的角度来统筹规划，形成全面的产业布局，以确保各旅游地的独特性资源开发与当地健康产业协同发展。如铜川中医药康养旅游是以康养为主题，形成集医疗、养生、休闲于一体的文化旅游发展集聚区，还建设了一批健康旅游示范基地和示范项目；还有安康市石泉县本草溪谷中医药旅游养生基地、西安市姚氏太和医室非遗文化基地等，都已形成区域特色品牌。近年来，宁陕县实施生态立县、文化兴县、旅游富民的发展战略，立足于全县打造秦巴山区生态旅游特色模式，并依托得天独厚的森林生态资源优势，以生态康养文化为核心大力发展康养旅游，形成了全面的产业布局。如今，宁陕县已经打造成集森林避暑、森林运动、森林科普、森林教育、森林颐养和休闲度假于一体的复合型生态产业综合体[7]，并于2020年被评为首批国家森林康养基地，成为陕西唯一以县为单位入选的森林康养基地。

（三）注重文化挖掘

生态环境是康养旅游地赖以生存的必备条件，而特色文化资源则是康养旅游地长久发展的不竭源泉。只有不断挖掘深厚的文化内涵，塑造康养旅游的文化品牌，才能使康养旅游地得到更好的发展。比如华清池、太白山都是依托浓厚的温泉养生文化底蕴，深入挖掘文化内核，以中国温泉之乡打响自己的品牌；铜川药王山是"药王"孙思邈的故乡，也是中国中医药文化发祥地之一，依托其深厚的中医药文化底蕴，已成为陕西发展中医药健康旅游的重要旅游地。铜川高度注重对中医药文化的深度挖掘，以中医药文化为核心塑造自身的品牌形象，进而集中精力扶持中医药养生保健产业，此外，还通过举办中国孙思邈中医药文化节，以保持自身"药王故里"的中医药文化优势。当前，根据2020年省十三届人大三次会议中对铜川国际中医医疗旅游先行区的发展建议，铜川中医药康养旅游正在向国际化迈进。

（四）多元化产品开发

康养旅游地发展不仅要依赖于自身的生态条件和文化独特性，更要注重面向需求市场进行多元化产品开发，才能得到广大消费者认可。如太白山旅游区以"一山一谷一温泉"为核心，依托优美的自然生态环境和浓厚的温泉养生文化底蕴，大力发展康养旅游，并在2020年成为陕西唯一国家级旅游度假区。太白山旅游区建设各类温泉项目形成完整产业群，充分满足旅游者对温泉产品的需求，如御龙湾温泉酒店、凤凰温泉酒店等。其中，太白山温泉酒店，既有室外温泉又有室内温泉，还有按摩、中医理疗等服务项目，以此满足不同的游客需求；温泉区还分为动感区、养颜区、儿童戏水区及五行养生区，便于不同年龄段、不同需求的人群都能找到自己喜欢的康养体验产品。此外，该旅游区还通过整合各类资源，发展多元化康养旅游产品，包括温泉康体养生产品、民俗文化体验产品、农夫山泉工业观光游、体育运动旅游产品、夜间旅游产品等，从而满足消费者需求。

（五）融合创新发展

当前各种类型的康养旅游模式不断涌现，需要通过创新求变而获得竞争优势，才能成为市场的引领者。康养旅游发展要有融合创新的能力，才能拥有强大的市场竞争力。如木王山景区开展"森林康养+瑜伽"融合，黄龙县开展"中药材+研学旅行"融合等。除与生态、医疗、体育、健身、休闲等融合外，陕西一些康养旅游地还在寻求新的发展模式，如温泉冰雪节活动可以刺激冬季旅游市场的发展，尤其是森林旅游，随着冰雪游的热潮，陕西冬季森林康养旅游也有了新的活力。以太白山森林公园为例，冬季的雪景、温泉、滑雪场都成为吸引游客的重要亮点。游客既可在雪后的太白山体验天然森林氧吧、观赏雪景，又能体验滑雪、温泉等，从而使游客参与更多的康养旅游活动。

（六）优先生态保护

康养旅游产业对资源环境的依赖性很强。基于自身丰富的生态资源，康养旅游通常是以森林、温泉为主，良好的生态环境资源自然成为核心产品不可或缺的重要支撑内容。实际上，除本身以生态为核心的森林、温泉、中医药康养旅游外，其他类型的康养旅游地也离不开良好的生态环境。如作为康养旅游地的康养小镇青木川，有着深厚的历史文化内涵，人文古迹众多，也是国内知名的历史文化名镇，每年都会吸引全国各地游客到访。良好的生态环境以及独特的自然风光成为其重要的康养旅游资源。古镇的生态资源丰富，空气清新，是名副其实的天然氧吧，非常适宜人们休养生息；此外，古镇地处汉江发源地，河水清澈无污染，不仅有千亩茶园，农田产品也多为绿色有机，对人们的身心健康也大有裨益，成为人们康养旅游的好去处。因而，依托于生态及特有的风土人情的青木川古镇，现已成为人们进行康养旅游的重要选择。

四 陕西康养旅游的发展趋势

旅游业是一个融合性很强的产业，康养旅游也不例外，如健康、养老、乡村、新型城镇化、生态建设、中医药、数字化产业等诸多方面都与康养旅游有着高度融合性。随着我国老龄人口的增多以及人们对健康和养生的日益重视，发展康养旅游已是大势所趋。虽然陕西起步较晚，但发展态势良好。《全省国民经济和社会发展第十四个五年规划和二〇三五年远景目标纲要》提出要推动医养康养融合发展；同时在健康陕西的建设中，还提出要将健康融入所有政策[8]。陕西康养旅游不仅拥有巨大的市场潜力，还是一项高增长点的新兴产业，有着诸多新的发展机遇和广阔前景。为此，笔者认为陕西康养旅游的未来发展将表现出以下四个方面趋势。

（一）传统康养旅游持续增长

依托于丰富的森林和水域等自然资源来发展康养旅游，坚持生态环境保护一直是陕西康养旅游发展的首要前提。作为温泉之乡，陕西的温泉康养有着巨大的潜力，必将得到持续健康发展；中医药文化在陕西有着深厚的历史底蕴，其发展也愈来愈受重视，可谓前景广阔。随着文旅产业与康养产业的融合发展，文化康养旅游活动也会不断增多。同时，伴随乡村振兴以及新型城镇化的建设，村镇康养旅游也将成为重要的新型康养目的地，康养旅游的各种资源也将呈现出优化组合的良好发展趋势。

（二）冰雪旅游带来新机遇

随着2022年北京冬奥会临近，我国冰雪旅游也不断呈现出良好的发展态势。为满足人们对冰雪旅游的需求愿望，陕西高度重视冰雪旅游的发展，结合冰雪资源特点，紧抓机遇，已多次开展以冰雪旅游季为主题的活动，包括2018年首届冰雪旅游季太白冰雪旅游大会、2019年黄龙县第五届森林冰雪节和2020年延安首届全民冰雪运动会等；同时积极发挥冬季赛事的带动作用，不断加大冰雪旅游产品供给，推动康养旅游与冰雪融合发展，包括森林与滑雪、温泉与冰雪等新活动、新业态[9]，助力陕西康养旅游获得新的增长点。

（三）康养旅游智慧化发展

随着大数据、物联网、云计算、5G等科技快速发展，陕西省政府高度重视康养旅游地的智慧化建设，数字经济和科技创新已纳入陕西新时期的远景目标中。省政府不仅在各旅游地的发展中强调与新科技及互联网相结合，以推动旅游地的数字化建设，还以科技为主题发布了《关于促进文化和科技深度融合的实施意见》。如今，已有不少康养旅游地开始智慧化建设，如终南山丝路智慧康养小镇项目。相信有政府政策的支持以及知名旅游地的示范效应，陕西智慧康养旅游必将得到快速发展。

（四）康养旅游产业协同发展

随着《"健康陕西2030"规划纲要》推动实施，健康陕西的建设将融入所有政策中，康养旅游也将不断融入人们的日常生活体系。在新发展时期，陕西将大力发展县域经济，推动县域城镇化建设；在产业协同体系发展中，培育壮大特色主导产业，不仅要重视温泉、森林、中医药等各类康养产业发展，还要重视与其他非旅游产业协同发展，如地产、科研、医疗等，从而推动各类康养度假区、产业园区、示范区等落地，促进陕西康养旅游大发展。

总之，在全球化重构的时代，2021年已经开启，我们将踏上康养旅游产业发展的新征程，需要立足国家双循环发展格局，用好新发展战略，持续推动康养旅游与多产业融合、互促发展，不断以科技、创新、融合为新动能，打造高品质的多样化康养旅游产品，进一步激发陕西康养旅游市场活力，逐渐形成以西安为核心，以其他地市为多增长极的康养旅游产业新格局，从而使陕西康养旅游产业获得持续、高效和高质量发展。

参考文献

［1］马科、李炜:《陕西两家单位入选全国森林康养基地试点建设单位》，陕西省林业局，2017年6月22日。

［2］赵侠:《陕西将森林康养列入优先发展》，陕西省林业局，2018年2月2日。

［3］夏明勤:《陕西新增5家品质温泉单位》，《三秦都市报》2021年1月21日。

［4］陕西省文化和旅游厅、陕西省卫生健康委员会:《关于陕西建设国际医疗旅游先行区的建议》，陕西省人民政府，2020。

［5］国家中医药管理局:《关于国家中医药健康旅游示范基地创建单位名单公示》，国家中医药管理局官网，2018。

［6］戴德梁行:《2020中国康养旅游的发展与趋势报告》，戴德梁行研究院，2020。

［7］郑红丹:《2020年宁陕县人民政府工作报告》，宁陕县政府网，2020。

［8］陕西省文化和旅游厅:《全省国民经济和社会发展第十四个五年规划和二〇三五年远景目标纲要》，《陕西日报》2021年。

［9］《冰雪旅游发展行动计划（2021～2028）》。

夏养山西

——山西省康养旅游发展经验

李 倩 班凤梅*

一 康养旅游发展区域背景

（一）自然资源背景

1. 地貌和地质

山西省地处黄土高原东翼，地貌从总体来看是一个被黄土广泛覆盖的山地高原。地貌类型复杂多样，主要由山地、丘陵、高原、盆地、台地等组成，其中山地丘陵占80%。大部分地区海拔在1000米以上。总的地势是东、西两侧隆起，分别为以太行山为主脉形成的块状山地和以吕梁山为主的黄土高原，中部为一系列串珠式断陷盆地，平原分布其间。由北往南主要有恒山、五台山、太行山等，中部由北而南串联着人口和经济较集中的大同、太原、运城等断陷盆地城市群[1]。山西省地处秦岭和阴山之间，是华北地台的重要组成部分，构造主要受燕山和喜山期构造运动的控制。境内地层发育较齐全，但缺失震旦系上统等个别年代地层。全省岩浆岩分布广泛、种类也较齐全，矿产资源丰富。

---

* 李倩，博士，山西财经大学资源环境学院讲师，研究方向为旅游地学、保护地游憩；班凤梅，博士，山西财经大学资源环境学院教授，研究方向为气候与环境演化、环境管理、岩溶地质旅游。

2. 气候水文

山西在气候类型上属于温带大陆性季风气候,具有四季分明、雨热同期、光照充足的特点。区域气候体现在南北差异显著、冬夏气温悬殊、昼夜温差大三个方面。年平均气温为4.2~14.2℃,总体分布趋势为由北向南升高,由盆地向高山降低;全省各地年降水量为358~621mm,季节分布不均,夏季6~8月降水相对集中,约占全年降水量的60%,降水分布受地形影响较大。

黄土高原山地众多、千沟万壑的地形发育了数量众多的河流。黄河流域在省内面积达97138平方公里,是黄河流域高质量发展的中段区域,占全省面积的62.2%,海河流域占37.8%。全省流域面积较大河流有黄河流域的汾河、沁河,海河流域的桑干河、漳河、滹沱河;中等河流有48条;小型河流有397条。山西省河流属于自产外流型水系,绝大部分河流发源于境内。

3. 植物资源

植物资源丰富,康养旅游产业较集中的区域森林覆盖率较高,均在40%左右。植被类型可分为:南部和东南部是以落叶阔叶林和次生落叶灌丛为主的夏绿阔叶林或针叶阔叶混交林分布区;中部是以针叶林及中生的落叶灌丛为主、夏绿阔叶林为次分布区,是森林分布面积较大的地区;北部和西北部是温带灌草丛和半干旱草原分布区,森林植被较少。野生药用植物有1000多种,广泛分布在丘陵山地,比较著名的有党参、黄芪、甘草、连翘等。

从自然资源基础来看,复杂多样的地形为开发康养旅游准备了多变的空间条件,山间盆地与高山丘陵相间分布,"平"可以建设基础设施,"崎"可开发户外康养、健身休闲。气候占高原之地利,夏季凉爽宜人,为康养旅游开发准备了适宜的时间(阶段)条件。局部地区森林覆盖率高达40%以上,为康养旅游开发提供了良好的环境条件。

（二）社会经济背景

1. 历史背景

山西省是中华民族的重要发祥地之一，拥有五台山、平遥古城等世界文化遗产，6座国家级历史文化名城，111个国家级历史文化名镇名村，550个中国传统村落，36100多处地面文物古迹，国家级重点文物保护单位531处。历史文化旅游资源非常丰富。

2. 人口、社会和经济发展

《山西统计年鉴（2020）》[2]的数据显示，2019年山西省地区生产总值为1702.67亿元，其中第一产业生产总值为82.47亿元，第二产业生产总值为745.31亿元，第三产业生产总值为874.89亿元，可知第三产业占GDP比重为51.4%，在经济结构中占据主导地位。2019年山西省总人口为3729.2万人，全省居民人均可支配收入为23823元，平均每人全年消费支出为15863元，城镇居民家庭人均全年总收入中退休金或养老金为8599.93元，人口老年抚养比为15.0%。

3. 区位优势

交通便捷高效。山西区位优势明显，高铁线路图上太原、大同、阳泉、忻州等地在环首都2~3小时交通圈内，航空版图上有一半地市在环首都1小时交通圈内。截至2019年底，全省开通国内航线274条，覆盖全国所有省会城市及大部分通航城市。

4. 基础设施

截至2019年底，携程网数据显示山西在线酒店数量共计14733家。类型涵盖了功能完善的各星级酒店，独具特色的晋商大院、黄土窑洞、主题酒店，还有正在兴起的康养小镇、康养社区、康养度假村，以及"黄河人家、长城人家、太行人家"康养旅游民宿客栈等。

第三产业产值在山西省经济结构中占据一半以上的比例,成为主导产业,为康养旅游产业发展提供了支撑;历史和文化资源丰富,增添了康养旅游的内涵和外延;区位交通和旅游基础设施是康养旅游得以实现的基础。

(三)政策支持

相关政策支持包括:
《"十三五"旅游业发展规划》
《国家"十三五"时期文化发展改革规划纲要》
《"十三五"健康老龄化规划》
《"健康中国2030"规划纲要》
《国务院办公厅关于进一步扩大旅游文化体育健康养老教育培训等领域消费的意见》
《2019年文化和旅游扶贫行动计划》
《文化和旅游部 财政部关于在文化领域推广政府和社会资本合作模式的指导意见》
《关于促进森林康养产业发展的意见》
《关于促进乡村旅游可持续发展的指导意见》
《森林生态系统服务功能评估规范》
《国家级森林康养基地标准》
《国家级森林康养基地认定办法》
《国家级森林康养基地认定实施规则》
《森林康养基地命名办法》
《山西省"十三五"旅游业发展规划》
《"健康山西2030"规划纲要》
《2018年山西省政府工作报告》
《黄河长城太行三大品牌建设年行动方案》

《山西省黄河、长城、太行三大板块旅游发展总体规划》
山西省《支持康养产业发展行动计划（2019~2021）》
山西省《2018年森林康养产业推进工作方案》

国家相关政策的鼓励，加上省内政策、规划、方案和办法的落地实施，是康养旅游产业持续发展的原动力。

二 康养旅游发展现状

（一）康养基地试点建设

自2016年开展全国森林康养基地试点建设单位申报以来，山西省从最初第一批只有1家申报获批，到2020年申报获批试点单位八十余家，发展迅速。尤其是近三年以来，康养基地建设试点遍地开花，各级各类试点共计81家，基本上涵盖了山西省的11个地市。2016~2017年乌金山森林公园等共计3个全国森林康养基地试点建设单位，2018年霍州太岳山七里峪等共计9个建设单位，2019年，长治市平顺县为试点建设县，晋城市阳城县蟒河镇为试点建设镇，临汾市古县祖师顶、乡宁云丘山等20个建设单位，晋中榆次"白杨部落"等5个康养人家。2020年，新增晋城市的沁水县、陵川县和阳城县共3个县为试点建设县，临汾市安泽县冀氏镇和朔州市应县下马峪乡共2个试点建设镇，晋城市陵川县棋子山等14个建设单位，晋城市沁水县樊村等23个康养人家。此外，2020年公布的国家森林康养基地名单中山西省的历山森林康养基地、左权龙泉森林康养基地、太行洪谷森林康养基地赫然在列。

（二）品牌策略

山西省倾力铸造的最大的康养旅游品牌为："康养山西，夏养山西。"这个品牌将围绕"一圈两山十二集群"布局[3]，规划构建多方位的森林康养空间体系，利用集群效应，发挥规模优势。

根据这一目标和当地旅游发展及康养基地建设情况，各地主管部门深度融合旅游业和康养产业发展推出了各自的康养旅游品牌。以平顺县为例，最新规划建设的晋美太行国际康养旅游度假区项目，定位为"诗画平顺，康养胜地"，以休闲、度假和康养为建设导向。介休市提出打造"康养绵山、夏养绵山"旅游品牌。昔阳县提出了"打造太行旅游板块，叫响石窟旅游名片，建设康养旅游胜地"的发展思路，重点开辟了约百条徒步登山路线和自驾游线路，侧重于打造运动型康养品牌。朔州市以重点开发生态避暑旅游景区为契机，打造"夏养朔州"康养品牌。运城市芮城县推动"文旅＋康养"以道家养生文化为背景，以印象风陵渡等已建项目为基础，打造"养生休闲度假、生态农业观光"的多功能生态产业链，同时结合本地医药企业形成健康产业集群，以及"医—药—健—养—游"产业链。陵川县定位清凉、绿色、秀美、幸福的新陵川，利用凉爽的气候条件，发展避暑度假产业，打造"清凉胜境，康养陵川"品牌。沁水县拥有覆盖面积较大的原始森林，地貌景观类型多样，在此基础上出产的银耳、黄小米等农特产品帮助沁水县发展了"生态康养，如画沁水"的品牌。阳城县结合乡村旅游和休闲农业，全力打造了"悠然阳城，康养胜地"品牌。晋城太行洪谷国家森林公园除了拥有森林公园的各项功能，近年来最新的荣誉是成为"中华暗夜星空保护地"，别具一格地打造出"远离尘嚣，亲近自然"的星空康养品牌。

纵观各地的品牌策略可谓百花齐放，全省都精准地定位于清凉夏季的背景条件，发挥本地物产例如农产品、医药产品、森林公园、暗夜星空等专长，有机地将康养旅游产业融入基础产业，制定相应的发展策略，并适时地叫响康养旅游的品牌，由此可见各地政府及相关主管部门对山西省发展康养产业的响应及时而准确。

（三）对外交流与活动

1. 节事、会议与活动

2018年开始陆续启动了各类康养产业宣传活动，例如"2018首届康养旅游论坛"在介休市绵山景区举行；"动感太行——晋城康养旅游文化节"启动，推进康养休闲户外旅游资源发展。2019年康养活动主题更加明显，而且呈现出康养旅游"走出去"的新局面。"佛国圣地·康养忻州"心灵之舟旅游推介活动在内蒙古包头、呼和浩特举办；"山水交城·康养一夏"康养交城旅游推介活动在太原举行；山西省借助2019北京国际旅游博览会的国际平台，有组织地向各地游客推介"康养山西、夏养山西"品牌。

2020年康养旅游推介活动热度不减，范围更广，影响力更大，主题花样迭出。运城盐湖（中国死海）康养旅游规划研讨会在运城盐湖景区召开；"康养山西、夏养山西"康养项目对接交流（招商）会在大同市举行；晋城举办了"2020中国·山西（晋城）康养产业发展大会"。

2021年"中国·山西（晋城）康养产业发展大会"再次盛大开幕，这一年的新成就包括推出"百村百院"项目，发布《太行人家康养村落建设服务与管理》地方标准，并将晋城设为永久会址。此外，其他一些常年举办的较成熟的综合性节事也借机为康养旅游产业扩大宣传，例如运城市连续举办9届的山西（芮城）永乐宫书画艺术节，介休绵山已举办13年的清明（寒食）文化节等。

山西以康养旅游为主题的会议或节事在初期是以其他旅游节事为依托举办的，到后期发展为直接以康养旅游为主题，2018~2021年一些重大节事活动的召开如火如荼，尤其是晋城连续两年稳妥举办的康养大会更是受到了省政府的重视和各行各业的关注，这些举措无一例外地向外界昭示了本省发展康养旅游产业的决心和动力。

2. 新媒体宣传与推介

受新冠肺炎疫情影响，还有一些重要康养旅游活动通过网络平台、新媒体传播等来进行，使得传播浪潮达到一个新高度。2020年4月，卧龙湾国际文旅康养度假区在太行日报官网直播，点击量达到134.37万；9月，山西太行洪谷国家森林公园"乡志·太行星空森林康养基地建成试运营启动仪式"在沁水县举行，并在网络社交媒体平台抖音上进行直播；10月，晋城市金秋消费季直播带货活动，通过央视财经频道、微博客户端、淘宝直播平台对晋城市百余种特色农产、文旅康养等产品进行在线销售和宣传推介。这些宣传最重要的特点就是融合了各种媒体渠道，全方面、多方位地打造出康养旅游宣传的立体化。

（四）区域案例

据统计，山西省森林康养基地建设中，晋城市表现最为突出，数量达到近39家，几乎是全省试点数的一半，说明晋城市康养旅游资源非常丰富。按照多数学者对康养旅游资源的关注度，对资源的发展分析主要从类别、开发及评价和空间分布三个方面着手[4]，本文在此基础上增加了市场需求这一分析内容。

1. 康养旅游资源类型

山地资源：晋城市地貌以山地和丘陵为主，其占总面积87.1%，东部及东南部为太行山脉，西南是王屋山，西北部是太岳山的南延部分。在温暖带半湿润气候下，该区林木生长条件好，林业资源丰富。

人文历史资源：晋城古堡群、沁河流域明清古建筑群，共计古堡117处，74个国家级的古村落。

医养资源：本区出产黄梨、山楂、山茱萸等保健食品；中药材750种，其中党参、连翘、九节菖蒲、金莲花等道地品种产量和质量居全国前列；约有30种以上国家公布的药食同源物。

2. 开发条件

2019年的林业统计数据显示，晋城市森林覆盖率达35.15%，位列全省第一，其中沁水县森林覆盖率高达43.13%，阳城县则为41.05%，陵川县更是高达48.24%，发展森林康养的基础条件优越。同时，晋城市夏无酷暑，年均气温12℃，夏季平均气温为23℃，负氧离子浓度高。本区域旅游舒适期长达7个月，发展康养旅游的气候优势明显。

3. 空间分布

晋城位于山西省东南部，地理范围为东经111°55′~113°7′、北纬35°11′~36°04′。总面积9490平方公里，占全省总面积的6%。市下辖城区、泽州、高平市、阳城、陵川和沁水六县（市、区）。本文统计的除沁水县森林康养基地试点建设县、陵川县森林康养基地试点建设县、阳城县森林康养基地试点建设县外的36个森林康养基地试点可知：在晋城市康养旅游产业迅猛发展的势头下，沁水县表现最为突出，总共有11家康养基地试点，数量已经追赶到省里居第二位的晋中市全市（12家）。其次是阳城县（8个）和陵川县（7个）。空间分布表现出集中分布且稍不均衡的特点。总体来看，产业布局较为合理。这样的产业布局也与这三县的高森林覆盖率一致。

4. 市场需求

作为山西省的东南门户，晋城在区位条件上东与河南省辉县、修武接壤，南与河南省博爱、沁阳、济源交界，西与晋南地区为邻，北接长治市。由晋城市通往邻省部分城市的距离分别为：河南省焦作市65公里，新乡市132公里，洛阳市140公里，郑州市150公里；距河北省邯郸市292公里，邢台市320公里，石家庄市444公里；距陕西省西安市522公里[5]。交通条件便利。

晋城市的夏季康养需求最初并非来自省内游客，而是一山之隔的河南省。据观察每年夏季河南省约有10万人来到晋城市避暑旅居。晋城开通了晋城—郑州、晋城—焦作、晋城—济源等跨省城际公交；面向京津冀客源地市场，晋城开通了旅游专列。未来高铁的贯通和机场建设将拉动晋城市的康养市场增长。

5. 晋城市康养旅游发展评价

总体而言，晋城市发展康养旅游的自然条件优越，森林康养条件尤其突出，资源类型多样，交通区位优势明显，年度旅游舒适期较长，市场需求较高，空间布局较集中，产业基础良好，政策支持度高。晋城市的康养旅游发展已经得到了本省的高度重视，"2020中国·山西（晋城）康养产业发展大会"的举办就是一个很好的例证。

（五）区域研究现状

在区域康养产业研究的主题下公开发表的学术论文主要以中文文章为主，以"山西"和"康养"为关键词，在中国知网上检索到的文章总共有16篇，发表时间集中在2017~2020年。医学、旅游、体育、林业等各学科的学者依据各自的研究视角，对康养产业的资源、类型、开发模式、问题和前景等做出了较深入的探讨。

按照研究区域划分，资源和市场优势下的太原市康养旅游资源开发模式被划分为资源驱动、特色文化驱动和医疗保健等，相应的类型有生态康养、养老综合以及医养结合型[6]。太行山传统村落在康养资源条件上有其独特优势[7]，在此背景下的康养开发模式除了休闲度假，还可形成文化研学模式、运动探险模式、村居体验模式和避暑养生模式[8]。"太行旅游板块"作为山西主打的黄河、太行、长城三大品牌之一，其范围内的康养旅游资源也呈现出一定的特征，主要表现为资源富集、旅游基础设施较好，还有可进入性不够高、竞争力不够强劲等劣势[9]。对太岳山林区的康养发展状况进行SWOT分析表明：与太行山不同的是太岳山林区区位优势明显、森林公园的品牌效应凸显，劣势体现在内部交通上，机遇体现在市场需求和政策支持上，挑战在于康养产品的同质化[10]。由此可见，康养产业集群化发展产生了规模效应的同时，同质化问题也已经显而易见。对乌金山森林公园康养的设想有一些新颖的提议，包括：动植物展示、户外拓展、科普教育、互动体验等[11]。对阳城县北留镇的农业康养发展研究提出了相对细化的策略，比如提供季节性康养产品、开发满足不同游客群体感知需求的康养景观、深化体验、优化布局等[12]。还有学者根据旅游资源分类标准对全省康养旅游资源的类型和分布做出调查和研究，结果表明基本类型有七种：山地型、温泉养生型、水体养生型、森林氧吧型、草地养生型、文旅村镇型、宗教养生文化型，它们的分布规律为集中性较高但各类别的均衡性较低[13]。

从康养理念的角度出发，提出康养型乡村民宿，为康养产业本土化开辟了新的表现形式，在这里康养民宿被划分为城郊、景区依托和传统民居等五种类型[14]。在健康的目标之下，体育产业与康养产业的融合被认为是双赢的举措，其中体育旅游与康养旅游借助旅游活动实现了无缝对接。在融合发展的道路上，探索以景区为体育赛事举办地带动康养旅游、开发多功能体育康养小镇和康养体育旅游产品、推进特色民俗传统体育深度体验游等路径成为一种趋势[15]。鼓励创新融入"三农"要素的旅游体验产品、构建覆盖农村一二三产业的康养旅游全产业链和乡村社会共享的旅游公共服务体系等是乡村振兴战略的一种可行路径[16]。在全域旅游的视野下，乡村旅游与康养旅游通过"互联网+"提供了一种新型养老方式，设想建立一个经由标准化运营的互联网平台，将线上出于养老乡村旅居目的长期或短期租赁需求与乡村景观闲置房屋的供给连通，实现乡村旅游养老新模式[17]。云计算、物联网、大数据等智慧手段也有望在森林康养信息化升级中发挥作用[18]。康养产业人才培养方面，亟须构建康养专业人才体系，主要从多主体融合的顶层设计着手，构建旅游管理、生态、体育、医学院校等合作的全方位人才体系，人才输出和培训实现校企（康养基地）合作，并引进国际优秀人才[19]。管理人员从旅游业角度对康养产业规范化发展提出七个方面的建议，如借鉴国内外实践经验、保持森林生态系统平衡、厘清康养的作用机理从而有的放矢打造示范基地、进行康养实证研究并论证其实效、提高公众认知、多产业融合、构建康养旅游评价指标体系[20]。

康养产业发展进程中不可避免地出现一些基于本省资源、环境或社会经济发展情况的现实问题。例如康养依托的旅游基础设施规划不到位，康养产品同质化、资源不整合、宣传力度不够等[21]，专业人才供给不足[19]，发展不成熟导致大众对康养的了解还不够、缺乏成熟的商业模式和充分的资金支撑[20]。

对山西省区域范围内的康养研究已经由不同领域的学者发起，他们从各自的研究视角做出一些初步探索，既有对康养资源的自然属性的调查和评价，也有对其分类的不同意见，还有对存在问题和发展路径的探讨。

（六）康养旅游发展经验总结

纵观全局，目前山西省康养产业发展势头正猛，康养与旅游的融合发展成果斐然，主要有以下几点经验：山西省康养旅游自然资源和社会资源背景优厚，发展康养旅游产业的基础条件良好。各级政府和相关部门从管理、税收、宣传等各方面给予经济便利的优惠政策，全力促进康养旅游项目的落地实施和发展。山西省的康养基地试点建设成果显著，不仅数量多，分布区域还相对集中，有利于发挥康养旅游产业集群优势。不同领域的学者从各自的研究视角对山西省的康养研究做出一些初步探索。康养旅游对外宣传与交流主要通过举办康养主题的会议或节事,或依托国际展览、招商、文化节庆活动、各类型新媒体渠道来进行。在省级一个品牌"康养山西、夏养山西"的导向下,各县、各级试点都试图打造出符合各自地方康养特色的品牌,品牌策略既有乡土风情又有康养元素。

三 康养旅游发展趋势

(一)康养项目

围绕山西省康养产业发展计划,2019～2021年的发展目标为:第一,通过康养项目建设,拉动社会投资;第二,康养旅游,吸引康养消费;第三,塑造"康养山西、夏养山西"的知名品牌。

其中,为打响"康养山西、夏养山西"品牌,未来3～5年将加快推进农林文旅康融合发展项目,开展太原、大同、忻州、晋城等一批农林文旅康产业融合发展试点,建设农林文旅康产业融合试点县10个,打造太行洪谷等20个国家森林康养基地。建设大同世家康养小镇、大同桑干河森林康养小镇、太原联众锦绣山庄、忻州顿村温泉康养城、运城垣曲左家湾生态康养小镇、晋中太谷孟母文化健康养生城、晋中榆社云竹湖康养小镇、宁武东寨康养小镇、晋城洞头康养小镇等20个康养小镇[3]。

(二)康养旅游创新发展策略

1. 促进康养产业和康养旅游地方标准的制定

目前山西省已制定发布的康养产业相关标准有《健康养老服务标准体系》(DB14/T 2154-2020)、《森林康养基地建设 基础设施》(DB14/T 2106.2-2020)、《森林康养基地建设 资源环境条件》(DB14/T 2106.1-2020)共3项,与旅游相关的地方标准有正在修订的《山西省旅游地方标准》系列，以及已发布的《黄河人家、长城人家、太行人家服务规范》（DB14/T 2156-2020）和首个山西康养村落领域的地方标准《太行人家康养村落建设服务与管理》，已经立项的《康养旅游基地建设指南》和《康养旅游服务规范》，可见康养旅游地方标准的制定已经启动。森林康养基地行业标准率先发布，体现了森林康养在本省康养发展中占据重要地位。对照其他省份，例如浙江省已建设完备的浙江省旅游标准化网站和体系，山西省的旅游标准制定工作有待进一步深化改革，而康养产业和康养旅游地方标准的制定既可以促进地方旅游标准化发展，又可完善行业标准体系。

2. 延伸康养旅游产业链

山西省的康养产业和康养旅游都处在初期阶段，相关产业的聚集性较差，不能发挥产业链效应。因此，围绕康养旅游元素，深入推进康养产业和旅游业的深度融合，统筹规划和布局，充分发挥有限的气候资源、地理产品、特色养生农产品、中医药物等资源价值，着力开发"康养旅游+"精品线路，集中提高康养旅游服务质量，有机结合康养旅游与乡村振兴策略，促进康养旅游产业链上下游延伸，进一步完善康养旅游产业链体系。

3. 发挥康养旅游消费水平价格优势

据研究，三、四线城市在发展康养旅游产业方面具备环境更生态、发展空间更大、消费价格更实惠等优势[22]。山西省地处我国中部，受资源转型和经济发展水平限制，大部分城市属于这一类，而在太行、黄河、长城三大旅游板块布局中，乡村数量众多，发挥本省三、四线城市和乡村消费水平较低，消费价格优惠的长处，依托发达的高速公路、高铁网络和廉价航空吸引周边城市群不同需求的游客人群，不仅带动了三、四线城市的经济增长，还催生本地市场需求的进一步释放[22][23]。

4. 与体育休闲产业的融合发展

随着生活质量的提高，体育休闲变得越来越受欢迎。国家首批体育特色小镇名单中山西省3处上榜，包括运城芮城陌南圣天湖运动休闲特色小镇、大同市御河运动休闲特色小镇、晋中榆社云竹镇运动休闲特色小镇；2020年首批省级运动休闲特色小镇也已建设10家试点。将体育休闲小镇作为康养旅游目的地，推动适宜户外休闲运动的康养旅游基地深度发展体育休闲产业，是康养旅游与体育休闲产业融合发展的合作路径。

5. 创新康养旅游模式

康养旅游创新发展模式，不仅是开拓未有之服务或产品，还可在原有资源条件上创造新的服务形式或提高特定人群的服务质量。首先，对不同游客进行细分，按照不同人群需求针对性地开发康养旅游产品和服务。例如地形优势有利于户外休闲运动，而这种追求有强度、有速度的调节型康养活动，更适合青少年游客，因此适合推动亲子康养游或研学旅游，在山地康养旅游目的地创建儿童和少年友好型康养旅游环境。同样的情况也适用于应对亚健康游客人群的康养目标：强身健体，释放日常工作和生活压力，放松身心[24]。而与此不同的是老年人的康养目标：有氧活动调节身体功能，追求慢速调节的康养，需要营造与此相适应的康养旅游环境，例如森林康养民宿或康养度假区。

6. 支持康养人才培养，推动高质量服务

鼓励和支持高等院校制订康养旅游人才培养方案，依托本省高等院校，开设康养旅游相关课程，或创新培养方式，培养和培训健康管理、康养旅游人才。待高校培养方式发展成熟后，下一步鼓励社会机构开展康养旅游服务和技能培训，建成高素质人才体系，提高康养旅游产业的服务质量。

四 资金来源和保障

（一）政府投入

当地政府在康养旅游项目投入初期发挥着主导作用，主要体现在推进农林文旅康养融合发展项目，建设文旅康养产业融合试点县、森林康养基地试点和示范园区等，以及编制康养产业发展规划，开展对外宣传、招商等活动。

（二）广开融资渠道，支持社会资本

政府支持社会资本投入，通过建立基金、发行企业债券和资产证券化产品等方式筹集资金，用于康养项目建设。国家开发银行山西分行优先支持重点项目范围内的依法合规、风险可控的项目。鼓励金融机构提供信贷支持，满足康养项目多样化融资需求。

（三）鼓励采用政府与社会资本合作的（PPP）模式

近3年建设的康养项目，享受养老产业基金、贷款贴息等扶持政策，同时享受社会力量发展养老服务业所规定的一次性建设补助、运营补贴、民办公助和以奖代补政策；医养综合体、文旅康养综合体等，各地发改部门要在可行性审批或立项时，依照相关管理办法从简从快办理。

（四）用地保障

社会力量投资康养项目，自然资源部门应优先给予用地保障。纳入三年行动计划的属于公益性康养项目，其养老服务设施用地可采取划拨方式供地；经营性康养项目用地，应当以租赁、出让等有偿方式

供应；为降低营利性养老服务机构的建设成本，可以出租或先租后让等方式供应。

（五）政策保障

落实现行支持养老服务业的税收优惠政策；建立以市场价格为主的康养服务收费管理机制；康养服务机构（指养老服务机构）用水、用电、用气、用热按居民生活类价格执行。

（六）管理保障

省级主管部门山西省文化和旅游厅及林业和草业局、自然资源厅等各级相关部门各司其职，认真落实政策，推动项目实施，优化营商环境。

参考文献

山西省人民政府网《走进山西－自然地理》［EB/OL］，http：//www.shanxi.gov.cn/sq/zlssx/zrdl/202007/t20200724_830270.shtml。

《山西统计年鉴（2020）》，中国统计出版社，2020。

山西省文化和旅游厅：《山西出台实施意见对深化文化和旅游融合发展作出部署》［EB/OL］，http：//wlt.shanxi.gov.cn/sitefiles/sxzwcms/html/xwzx/szyw/48156.shtml。

周功梅、宋瑞、刘倩倩：《国内外康养旅游研究评述与展望》，《资源开发与市场》2021年第1期，第119~128页。

晋城市人民政府网［EB/OL］，http：//www.jcgov.gov.cn。

王卫强：《打造富有太原特色的康养旅游产业》，《太原日报》2020年12月1日，第7期。

霍岳飞：《全域旅游背景下太行山区发展森林康养旅游的地理区位优势分析》，《华北自然资源》2019年第5期，第131~133页。

管萍：《康养视野下的山西太行山传统村落再认识》，《辽宁省交通高等专科学校学报》2019 年第 1 期，第 57~60 页。

侯晓飞、耿娜娜：《山西太行旅游板块康养旅游发展研究》，《山西经济管理干部学院学报》2020 年第 3 期，第 38~42 页。

李新茂：《太岳山林区森林康养发展对策探讨》，《山西林业》2018 年第 4 期，第 10~11 页。

王卫杰、王乃仙、李虹睿：《乌金山森林康养建设思路》，《山西林业科技》2017 年第 4 期，第 68~70 页。

卫之琪：《阳城县北留镇康养产业发展对策研究》，山西农业大学，2019。

赵鹏宇、刘芳、崔嫱：《山西省康养旅游资源空间分布特征及影响因素》，《西北师范大学学报》（自然科学版）2020 年第 4 期，第 112~119 页。

王瑞花：《基于康养理念的山西乡村民宿开发研究》，《山西能源学院学报》2019 年第 1 期，第 91~93 页。

孙一瑛：《健康山西背景下体育旅游与康养产业的融合》，《拳击与格斗》2020 年第 4 期，第 104~105 页。

赵鹏宇：《康养旅游：一种新的旅游业态》，《山西日报》2020 年 1 月 13 日，第 10 期。

马潇、陈磊刚、白宁、刘丁銮：《全域旅游背景下山西乡村康养旅游发展模式探究》，《粮食科技与经济》2018 年第 10 期，第 90~93 页。

樊文裕：《山西发展互联网+森林康养产业探索》，《农技服务》2017 年第 18 期，第 98~99 页。

成宏峰、马兆兴：《山西康养旅游人才供给体系构建研究》，《太原学院学报》（社会科学版）2018 年第 2 期，第 26~29、42 页。

李昊明：《山西省发展森林康养旅游探索》，《山西林业》2019 年第 2 期，第 4~5 页。

田云国、段文英：《山西康养旅游开发研究》，《河北旅游职业学院学报》2019 年第 1 期，第 30~32、38 页。

夏世平：《浅析三四线城市康养旅游产业现状及发展路径》，《中国商论》2021 年第 5 期，第 44~45 页。

金媛媛、王淑芳：《乡村振兴战略背景下生态旅游产业与健康产业的融合发展研究》，《生态经济》2020年第1期。

陈娅婷、李晋宏、于琳惠、张瑛：《具身视角下太行山康养旅游体验感知研究》，《长治学院学报》2021年第1期，第20~25页。

专 题 篇

温泉康养旅游发展研究
——以江西为例

曹秋香　侯满平　陈　扬*

一　温泉康养旅游的内涵与价值

随着我国经济的发展和人民生活品质的提高，旅游消费需求逐渐升级，休闲旅游成为旅游经济发展中势头最强劲的产业之一。尤其在经历了新冠肺炎疫情的威胁后，健康、保健等观念更是被人们重视，科学的休闲养生概念也被提到了空前高度。温泉旅游是休闲旅游的重要组成部分，是体验旅游与康养旅游相结合的特色产品，已成为旅游

---

* 曹秋香，博士，副教授，东华理工大学地球科学学院，研究方向为矿物成因及旅游地学；侯满平，博士，合作博导，河北东方学院副教授，北京第二外国语学院中国文化和旅游产业研究院特聘研究员，研究方向为文化与旅游产业规划、乡村田园规划及"三农"领域等；陈扬，东华理工大学硕士研究生，研究方向为岩石成因与旅游地学。

产品结构的重要内容之一。

我国的温泉旅游发展经历了五个阶段：从最初的"公休疗养"、人工温泉疗养逐步发展为以"温泉宾馆""温泉医院"为主要形式的温泉沐浴疗养，到以观光娱乐、休闲度假、保健疗养等功效为主的温泉度假，再到注重用户体验感受，提供具有差异化、个性化的温泉养生产品，最后发展为市场日益细分，提供更加专业服务，产品更具多样化的温泉景区、主题温泉等产品，无论是形式与定位都更加丰富[1]。

（一）康体养生价值

温泉是一种地热资源，具有保健疗愈功效，温泉水的矿物质成分、泉水温度和流动时产生的能量能有效作用于人体，起到缓解疾病、促进循环、提高免疫力、美容养颜等作用[2]。不同的泉质也含有不同的矿物质，对于各种病症的疗效不尽相同，同时在温泉使用方法上也分为吸入法、饮用法、泡浴法和喷淋法，不同使用方法达到的功效也不同，科学进行选择可以满足不同年龄阶层人群对温泉康养的需求，同时在温泉旅游过程中结合健康的饮食和保健项目如温泉SPA、水疗等可增强养生疗效。

（二）文化体验价值

温泉旅游是以温泉为载体，并与文化深层次结合的产物，包括旅游过程中的精神文明与物质文明。主要体现在三个方面：温泉景观文化，依托特色的自然环境营造出幽静、舒适的氛围，打造天人合一的自然之境，使游客享受于山水之乐，寄情于山水之间；温泉休闲文化，考虑到游客除了浸泡温泉的需求，在温泉池以外的区域结合文化休闲娱乐设施如体育馆、剧院、园林、古建筑等，使游客在进行温泉旅游之余还能感悟当地的文化历史，拓宽视野，丰富知识；温泉与宗教民俗文化，古代许多寺庙建在有温泉的地方，温泉与寺院的结合，使我国拥有许多具有浓厚宗教氛围的温泉地[3]。

（三）时尚消费价值

近年来，温泉旅游日益成为人们首选的休闲旅游目的地。随着人们逐渐将温泉视作一种新的休闲生活方式，更多的游客希望在度假经历中，能够随心所欲地来实现泡温泉的体验。而在这体验中，温泉的客观功能（疗养功效及治愈功效）越来越居次要位置，客人对于温泉的主观想象越来越居主要位置。这同时也给温泉设施的兴建与设计提供了许多创造性空间。

二 江西温泉康养旅游资源丰富且独特

温泉在地质学上称热泉，是温度明显在当地年平均温度之上的泉水[4]。根据水热活动强度的不同，温泉主要可以分为沸泉、沸喷泉、间歇喷泉、喷气孔、硫气孔以及水热爆炸等形式。根据国家旅游行业标准（LB/T 070 - 2017）及化学成分温泉旅游泉质可划分为含钠、钾、钙、镁、铁、碘、重碳酸盐、硫酸盐、硅酸盐、碳酸气体、硫化氢气体、放射性元素氡等不同物质的矿泉。此外，温泉类型还包括碱泉、食盐泉、单纯温泉及放射性矿泉等[5]。

（一）碳酸泉

碳酸泉是指游离二氧化碳的含量在1克/升以上时的温泉，俗称"天然汽水"。根据游离二氧化碳的含量不同，碳酸泉可以分为低浓度碳酸泉、中等浓度碳酸泉和高浓度碳酸泉[5]。

碳酸泉的使用包括浴用疗法、饮用疗法及吸入疗法，具有缓解心肌炎、支气管哮喘、胃炎以及过敏性鼻炎等多种疾病症状的功能，有效促进人体的血液循环,增强人体的免疫力。江西赣南横迳地区温泉多有 CO_2 等气体逸出,占气体总量的 96.7%~99.84%,此地区温泉大多属于碳酸泉类型[6]。

(二)硫化氢泉

硫化氢泉又称硫黄泉,是指在 1L 泉水中总硫含量在 10mg 以上的温泉。硫化氢泉根据硫化氢含量可以分为弱硫化氢泉(<50mg/L);中浓度硫化氢泉(50~100mg/L);高浓度硫化氢泉(100~250mg/L);极高浓度硫化氢泉(>250mg/L)[5]。

硫化氢泉的疗效主要依靠其所含硫化氢(H_2S)成分,可采用浴用疗法、饮用疗法及吸入疗法,浸入这种温泉可以起到排毒解毒的作用,有助于缓解慢性胃病、胆石症、糖尿病等疾病。广东新兴的龙山温泉、山东枣庄的仙坛山温泉以及四川的花水湾温泉水质中均含有硫黄,属于硫化氢泉类型。

(三)溴泉

溴泉是指溴的阴离子(Br^-)的含量达 25mg/L 以上的温泉。

溴泉的疗效主要依靠其所含溴成分,溴主要富集于人体的甲状腺、脑垂体、肾上腺和卵巢等部位,浸泡溴泉能抑制中枢神经系统,缓解失眠症、更年期综合征,调节自主神经功能等,具有镇静安神的功效。我国主要的溴泉水产地为山东威海和甘肃玉门。

(四)碘泉

碘泉是指碘的阴离子(I^-)含量达 5mg/L 以上的温泉。

碘和溴同样经常出现在高矿化度的地下水中,同时还富含如氟、锶、镭、钙、镁、偏硅酸等数十种温泉矿常量及微量元素,能明显地激活机体的防御功能,有助于改善动脉硬化以及缓解甲状腺机能亢进、更年期综合征、皮肤病等疾病，且具有吸收病变，促进组织再生的作用。碘泉的使用包括沐浴法和饮用法，主要产出于山东威海、吉林长白山、辽宁兴城及辽宁营口熊岳。

（五）铁泉

铁泉是指（$Fe^{2+}+Fe^{3+}$）含量在10mg/L以上的温泉。泉水与空气长期接触发生氧化反应呈红色。

铁泉可进行浴用疗法及饮用疗法。铁水中的Fe^{2+}容易被身体吸收，可促进造血功能，改善各种贫血、萎黄病等，对慢性皮肤病及慢性风湿病等也有治疗功效。五大连池的低温矿泉属于铁泉。

（六）硅酸泉

硅酸泉，指硅酸（H_2SiO_3）含量大于50mg/L的温泉，地下泉水中的硅酸主要表现形式为偏硅酸和正硅酸[7]。

硅酸泉可进行浴用疗法和饮用疗法，能缓解精神压力，解除疲劳，治疗各种皮肤疾病，保护动脉内膜，预防心血管疾病发生。江西靖安九岭森林温泉是国内水质最古老的偏硅酸温泉；赣州石城九寨温泉是国内极为稀有的含大量氟和偏硅酸的"双料"温泉；抚州临川温泉属于典型的偏硅酸型温泉。

（七）硒泉

硒泉是指含有丰富硒元素的温泉。

硒温泉具有抗癌、抗衰老、拮抗有害金属的作用，可以增强免疫力、调节维生素的吸收和蛋白质的吸收，增强生殖能力、平衡组织功能。江西宜春温汤明月山温泉富含丰富的硒元素，温汤镇也因硒温汤闻名，且推出了以富含硒元素为主题的润田翠矿泉水和嫦娥泪护肤品，成为江西乃至全国的重要旅游品牌。

(八)放射性氡泉(镭射泉)

放射性氡泉是指氡气含量在 3Bq(贝可)/L 以上的温泉,又称镭射泉。

氡泉中具有丰富的氢、硅、镁等阳离子和硫酸根、碳酸根等阴离子,主要为浴用疗法,可起到增强造血功能,延缓衰老,改善痤疮、慢性湿疹,降压降脂等功效。江西九江星子上汤温泉属于我国十分稀少的高热弱矿化含氟碳酸钠型氡温泉,也被叫作富氡温泉。

(九)氯化物泉

氯化物泉是指固体成分的整体含量在 1g/L 以上的温泉。阳离子主要包括 Na^+、Ca^{2+}、Mg^{2+},阴离子以氯离子(Cl^-)为主。氯化物泉主要为氯化钠泉,即食盐泉[9]。氯化钠泉根据氯离子(Cl^-)含量的不同可分为弱氯化钠泉(1~5g/L)、中等氯化钠泉(5~15g/L)、强氯化钠泉(>15g/L)。

此类泉可进行浴用疗法、饮用疗法及吸入疗法,能提高机体新陈代谢,减缓湿疹、创伤、慢性风湿痛等疾病,增强骨骼肌肉功能,吸入法还可改善鼻、咽喉、气管及支气管等炎症。山东威海温泉、山东即墨温泉、河北平山温泉、陕西临潼温泉等属于氯化钠温泉类型。

(十)重碳酸盐泉

重碳酸盐泉,是指固体成分的整体含量在 1g/L 以上的温泉。其中阴离子以重碳酸离子(HCO_3^-)为主,阳离子主要包括 Na^+、Ca^{2+}、Mg^{2+},主要以重碳酸钠、重碳酸钙和重碳酸镁等形式存在[5]。

此类泉可进行浴用疗法、饮用疗法及吸入疗法。重碳酸钠泉主要起到净化皮肤、缓解支气管炎、中和胃酸、祛痰消炎的功效;重碳酸钙、重碳酸钙镁泉主要起到治疗慢性湿疹、慢性肠炎、支气管炎、过敏性疾病等功效。

江西赣北地区的庐山星子温泉镇、武宁船滩镇、永修柘林镇、修水白岭镇，赣中的宜春温汤镇、宜春洪江乡及赣南的龙南临江乡、崇义上堡乡等地的主要地热温泉为重碳酸钠泉。江西赣北地区的乐平塔前乡、德兴李宅乡，赣中的上高田心乡、吉安富田乡、横峰司辅乡及赣南赣县韩坊乡、信丰新田乡、遂川汤湖等地的主要地热温泉为重碳酸钙、重碳酸钙镁泉。

（十一）硫酸盐泉

硫酸盐泉，是指固体成分整体含量大于1g/L的温泉。阴离子以硫酸根离子（SO_4^{2-}）为主，阳离子主要包括Na^+、Ca^{2+}、Mg^{2+}，主要以硫酸钠、硫酸钙、硫酸镁等形式存在[5]。

硫酸盐泉可进行浴用疗法和饮用疗法。含硫酸钠温泉浴用时基本与弱氯化钠泉相同，饮用时能减少食物吸收及利用率，达到减肥瘦身的作用；含硫酸钙温泉能改善新陈代谢，具有利尿作用，同时对糖尿病、痛风、荨麻疹、痤疮等具有较好疗效；含硫酸镁温泉能促进肠蠕动，缓解习惯性便秘、胆结石、荨麻疹等疾病。

江西铜鼓汤里森林温泉、陕西汤峪温泉、北京小汤山温泉等属于含硫酸钠温泉类型。南京汤山温泉、湖北咸宁温泉等属于含硫酸钙温泉类型。湖北咸宁温泉属于含硫酸镁温泉类型。

（十二）单纯泉（淡泉）

单纯泉是指温度高于34℃，含有低于医疗标准的微量元素和化学物质的温泉，可溶性固体成分含量小于1g/L。

此温泉类型以浴用疗法为主，饮用疗法为辅，对身体的刺激比较小且无任何气味，众人皆宜，主要通过热量刺激产生作用，在不同的温度下具有不同的养生作用。江西乐平的龙潭温泉属于单纯泉。

三 江西温泉康养旅游开发现状

（一）温泉康养旅游开发优势与特点

1. 旅游方式转型产生了新机遇

温泉虽然有着悠久的文化历史，自古就被当作养生健康之水，但在发展初期，仅贵族和王室阶层才能享用，新中国成立后温泉常作为一种医疗手段见于温泉疗养院和综合理疗医院内，这在一定程度上限制了温泉作为旅游资源的发展。随着我国旅游业逐渐由观光旅游转向度假旅游，以休闲和度假为主题的新型旅游成为热潮。党的十九大提出了"实施健康中国"的战略部署，进一步为康养旅游产业发展创造了更好的条件，尤其经历了疫情后，消费者越来越关注养生和健康，这也在一定程度上助力了温泉康养旅游的发展。

2. 江西温泉养生功效显著

江西省是全国地热资源大省之一，温泉储量大、分布范围广，地热点总数排国内第七位，地热资源总量居国内第十一位[8]。全省已探明温泉80处，根据温度范围进行划分，高温温泉（60~82℃）有16处、中温温泉（40~59℃）有37处、低温温泉（25~39℃）27处[9]。江西不同区域的温泉资源分布情况差异明显。赣北温泉资源分布不均，局部相对集中；赣中地区温泉资源分布较密集，主要集中在宜春、横峰等县市，共22处温泉；赣南地区温泉资源分布密集，主要集中在瑞金、安远、遂川等县市，共36处温泉[8]。

温泉中富含的多种元素能对心血管功能、慢性胃病、胆石症、糖尿病、睡眠障碍、更年期综合征、高脂血症、骨质疏松、内分泌紊乱、高血压等病症有所改善，可起到促进皮肤血液循环、排毒解毒、增强抵抗力、促进组织再生作用；还能缓解精神压力，解除疲劳，延缓衰老。

3. 江西省温泉旅游品牌独特

近年来，江西温泉康养旅游发展比较迅速，江西省拥有一级温泉旅游资源10个，二级温泉旅游资源10个，三级温泉旅游资源6个，比较著名的康养温泉包括宜春温汤温泉、明月山维景温泉、天沐明月山温泉、庐山天沐温泉、安远三百山温泉、九仙汤温泉、天沐温泉、大茅山温泉、龙湾温泉、醉石温泉、上汤温泉等，尤其是宜春温汤的硒温泉和九江星子上汤的氡温泉在江西省康养旅游中发挥了重要的品牌作用。宜春市温汤温泉旅游开发较为成熟，旅游基础设施和配套设施较完善，相关产业链较完整，"温泉之乡"也成为宜春市内外知名旅游品牌，形成了独特的竞争优势。

（二）存在的问题

1. 旅游地形象塑造不到位

温泉康养旅游地的建设受到文化、地域、习俗的影响，围绕一定的主题进行开发是塑造品牌形象的基础，虽然江西省已有宜春温泉、西海国际温泉度假村及国内其他特色温泉品牌珠玉在前，但仍存在一些温泉旅游景区开发程度低的问题，比如许多温泉景区的建筑风格以中式园林和日式庭院为主。温泉洗浴服务主要以中药浴、鲜花浴、鱼疗、火山泥浴等类型为主，在温泉旅游建设中没有结合自身温泉资源特点进行开发，而是片面照搬开发思路或一味追求"低成本、高回报"的做法，最终导致温泉景区发展模式单一，主题不够鲜明，特点不够突出，缺乏科学规划，缺乏文化内涵的现象，使游客难以满足，极大地制约了旅游地的整体竞争力，阻碍了地区经济发展。

2. 温泉管理缺乏法律规范

温泉根据水质的化学成分进行划分，有十几种温泉类型，其功效和泡泉禁忌都有所差异。江西省温泉资源丰富，温泉种类多样，每个地区、景区的温泉都各不相同,在温泉管理时都应按照温泉类型注明成分标示、疗养功效和不适宜浸泡人群,让游客有充分的选择空间,选择自己喜爱的温泉,但大部分江西温泉景区在温泉建设管理中并未落实这点,甚至有些温泉景区因为泉水涌出不足或为降低成本利用人工加热水、循环水等冒充温泉,不断挑战消费者底线,伤害公众情感。虽然我国已经颁布了《中华人民共和国矿产资源法》《温泉旅游服务规范》《温泉法》等法律法条,但就温泉的开发、保护、规范建设标准等并没有专门的法律进行指导,建立统一规范的体制是保障温泉旅游可持续开发和利用的重要手段。

3. 环保意识相对薄弱

温泉洗浴废水属于低浓度的生活废水,其中含有人体皮肤分泌物、油脂皮屑、头发、洗涤剂及细菌真菌等对人体和土壤有害的物质。温泉水经净化后可循环利用,但江西省大部分的温泉旅游企业规模较小,处理温泉洗浴废水的能力较差,部分景区的温泉水使用后未经处理直接排放,也没有净化后循环使用,极大地污染了周边环境,污水下渗还会导致地热资源受到污染。同时,在开发方面还存在规划层次低、过度开采的情况,如江西省的热水塘温泉、汤湖温泉等,忽视温泉资源利用的规范性和合理性,不仅使资源遭到破坏,还会导致一系列环境问题,严重影响了温泉旅游资源的可持续利用和温泉地的环境。

四 江西温泉康养旅游开发举措

(一)开设专题化温泉旅行产品

对于旅游产品而言,温泉旅游资源的开发不应只局限于其本身,应将温泉与周边宗教文化资源、研学旅游资源、生态旅游资源、乡村旅游资源等其他类型旅游资源进行有机结合,推出具有自身特色的旅游产品，挖掘人文资源开发利用潜力，展示温泉旅游资源的魅力。促进人文资源与自然资源之间的协同发展，丰富温泉康养旅游内涵。

（二）加强温泉旅游文化内涵建设

温泉自古以来就受到人们的青睐，许多古籍、古诗和文学作品都有对其的记载，清代康熙皇帝在他的《温泉行》中写道"温泉泉水沸且清，仙源遥自丹砂生"，由此可见从古至今温泉一直深受大家的喜爱。在悠久的温泉历史中，温泉文化包含了养生文化、景观文化、休闲文化、沐浴文化、文学与艺术以及温泉地的宗教与民俗文化[10]，游客能够在游览中充分感受到温泉疗养的浓厚文化气息，可以享受心灵与精神的双重滋养。在对温泉背后的文化进行挖掘时，要立足于本土文化，突出温泉所蕴含的内在意义，增强其核心竞争力。

（三）加强温泉旅游的人才建设

温泉康养旅游景区的温泉规划、温泉开发、温泉经营、温泉管理等都处于初级阶段，与传统的旅游模式相比，相关温泉康养旅游专业人才可能会成为温泉旅游发展突破瓶颈的重要因素。院校可以依托相关专业，结合本校特色，开设温泉旅游地学与管理规划专业；同时开展校企合作培养模式，利用产学教优势强化学生的实操能力，培养符合旅游企业需求的高级温泉地学旅游管理人才[9]。专业人才不仅能为温泉景区注入新活力，打造个性化、专业化的温泉旅游产品，其专业的服务水平和能力也能提升景区形象，为温泉点招揽更多游客。

注　释

[1] 艾瑞、驴妈妈：《2016中国温泉旅游白皮书》，2017。

［2］叶周语、焦军、孔繁恺、梅立辰、俞双燕：《江西省温泉资源分布与康养价值初探》，《饮食科学》2019年第2期，第103~104页。

［3］唐烨、谢璐：《温泉旅游文化》，天津大学出版社，2017。

［4］吴波：《温泉休闲者的休闲涉入与休闲体验研究》，湖南师范大学，2012。

［5］《温泉旅游泉质等级划分》（LB/T 070-2017）。

［6］孙占学、刘金辉、高柏：《赣南横迳地区碳酸温泉的同位素水文地球化学研究》，《中国地球物理学会第十九届年会论文集》2003，第2页。

［7］汪智勇：《温泉度假区景观设计研究》，福建农林大学，2011。

［8］叶周语、焦军、孔繁恺、梅立辰、俞双燕：《江西省温泉资源分布与康养价值初探》，《饮食科学》2019年第2期，第103~104页。

［9］侯满平、曹秋香：《地学旅游发展中几个关键问题剖述》，《东华理工大学学报》（社会科学版）2020年第4期，第326~330页。

［10］郑兵兵：《威海市温泉旅游发展研究》，山东大学，2009。

森林康养旅游发展报告

徐峰 卢珊*

随着国民经济的发展和人民生活水平的提高,森林旅游保持着快速增长的态势,成为我国林草业三大支柱产业之一,年游客量达到18亿人次,占国内年旅游人数近30%。同时,森林旅游促进了林草业从第一、第二产业向第三产业的转化和升级,创造社会综合产值1.75万亿元,实现了林草业创新性的发展,是极具增长潜力的绿色产业。

国家级森林公园和国家级林业自然保护区等作为森林康养的重要场所,其丰富的文化、社会及生态价值不断彰显。进入后疫情时代,人们对森林疗愈功能的需求进入跨越式增长阶段,为森林康养旅游带来了前所未有的发展机遇。人们追求更加健康的生活方式,更多的人渴望进入森林,感受自然,从而释放压力,关于森林疗养需求的问卷显示愿意进入森林"亲近自然,转换心情"的人数高达82.7%,并且大多数人对于森林康养的认知度较高。因此,森林康养旅游越来越受到重视。从而,森林的体验、疗养、文化教育、生态旅游、休闲养生等新业态、新产品不断呈现,森林康养旅游成为普惠民生的新兴产业。

一 国外森林康养旅游的探索与实践

在世界范围内,森林康养旅游经历了3个发展阶段。第一阶段

---

* 徐峰,中国农业大学园艺学院教授,博导,研究方向为园林康养与园艺疗法;卢珊,中国农业大学园艺学院博士研究生,研究方向为园林康养与园艺疗法。

(1980年以前),以美国、德国森林资源丰富的国家为代表[1];第二阶段(1980~2005年),以日本、韩国为代表;第三阶段(2005年以后),森林康养旅游在各个国家、地区获得了蓬勃发展。

(一)德国

森林康养,又被称为森林医疗,兴起于19世纪40年代的德国,其在巴特·赫恩镇建立了第一个森林浴基地[2],并逐步形成了森林康养的理论和实践体系。进入20世纪80年代后,森林康养的主要目标是针对一些疾病进行辅助治疗,无副作用地促进疾病的恢复。森林医疗也被应用于德国公务员的福利之中,它不仅减少了公费医疗的支出,还提升了公务员的平均健康水平。目前,德国已经发展建立了350多个森林疗养基地,其建设思路为其他国家林业、旅游业、医疗产业的发展带来了全新观念。

(二)美国

美国是世界第四大森林资源丰富的国家,森林覆盖率达33%。组建的森林保健技术企业队,使森林能够保持健康,并达到适合被开发利用的状态。美国森林康养旅游起步早,年接待游客达20亿人次[3]。其森林康养场所是集旅游、运动、养生于一体的综合养生度假地,提供了更加富有创新性和变化性的配套服务,可进行深度的运动、养生体验。

(三)日本

1982年日本首次提出森林浴概念,并将森林康养旅游融入生活。目前,森林康养基地和步道遍及日本的所有县市,每年有数亿人次进行森林浴[1]。日本注重基地建设,健全了基地的评价认证标准和人才培养体系,有序、有效地促进森林保健旅游开发,产业实践发展成效十分显著；成立了森林医学研究会，开展了森林康养对疗愈效果的实证研究。

（四）韩国

1982年韩国提出建设自然修养林计划。1988年建设了第一处自然修养林和4个自然养生林建设基地。自然休养林是"为了发挥森林休闲娱乐功能而设立的设施"，作为"市民福祉设施"在管理。在《森林文化·修养法》的带动下，韩国每年有1/5的人会积极参与与森林有关的休养活动。目前，韩国已建设158处自然修养林及多种类型的森林康养基地[4]，成立了专门的管理机构；形成了相关职业标准、培训体系和森林康养理论。

二 国内森林康养旅游概念的引入与界定

（一）概念的引入

2016年，国家旅游局颁布的《国家康养旅游示范基地标准》指出[5]：康养旅游是指通过一系列活动或干预手段使人在身体、心理都达到和谐稳定状态的各类旅游活动的总称。

2016年，国家林业局《林业发展"十三五"规划》中明确提出"森林康养旅游产业"的相关内容，这是"森林康养"首次在林业相关重要文件中被提及。

（二）概念的界定

森林康养的定义各个国家不尽相同。德国强调"森林医疗"，将森林康养作为辅助医学治疗的方式；美国注重"森林保健"，利用森林环境来提高人们整体健康感；日本突出"森林浴"，强调通过人的五感与森林接触，达到改善生理和心理状况的目标，进而提升健康水平；韩国以"森林修养"为特色，利用森林中多种要素提供较为舒适的疗养环境，以改善人们的身心状况。

在中国，台湾地区注重"森林调养"，在已认证的森林环境中开展适当的活动，促进身心健康，预防和治疗各类疾病。2010年台湾马偕医学院展开为期3年的"森林益康"实证研究计划，测量人们生理、心理指标在不同海拔环境中的差异，证明了森林环境具有调节自律神经和减少负面情绪的疗愈效果。四川省将森林康养定义为依托林业资源开展现代服务业的总称；湖南省将其定义为将优质森林资源与医学相结合，开展促进健康，加快康复进程的活动。

2019年，国家四部门联合出台的关于促进森林康养产业发展的意见[6]，对森林康养旅游新业态的目标、任务等做出了清晰的界定，有序推动了森林康养产业高质量的发展。

三 国内森林康养旅游政策制定与标准完善

国家及地方政府结合实际出台文件，统筹谋划，积极推进森林康养旅游从观光向康养及多业态并重的转变。

（一）政策制定

1. 中央相关文件

2016年，国家旅游局发布的《国家康养旅游示范基地标准》旨在满足人们对健康幸福生活的更高要求，引导推动旅游和健康服务业的融合发展，丰富康养旅游内容，打造一批产业要素齐全、产业链条完备、公共服务完善的综合性康养旅游目的地。同年，国家林业局出台关于推进森林体验和森林养生、森林体验基地和养生基地建设的通知，强调突出森林康养旅游的优势，创新森林体验与养生基地的发展模式。在林业发展"十三五"规划中，落实建设指标，带动了森林康养旅游的统筹发展。

2017年，在深入推进农业供给侧结构性改革，加快培育农业农村发展新动能的意见指导下，国家林业局发文再次强调了在保护现有资源的前提下，结合森林康养的理念与发展模式，提升森林小镇发展速度和发展维度，形成独特的发展增长点及竞争力。

2018年，森林康养产业与乡村振兴战略融合发展。中央一号文件指出：建设一批设施完备、功能多样的森林人家、康养基地和特色小镇，加快发展森林旅游产业，积极开发游憩休闲、健康养生、生态教育等服务。

2019年，《关于促进林草产业高质量发展的指导意见》《关于开展国家森林康养基地建设工作的通知》，强调了发展森林康养工作。通过坚实的政策支持，大力促进基地建设；明确了基地建设标准及发展模式，到2025年森林康养产业体系又进一步的提升，人们可以享受更丰富的产品以及更全方位的服务。

2. 地方相关文件

根据中央的政策引导，各地区逐步建立针对自身情况与特点的政策体系，助力森林康养旅游发展。

2019年，山东、浙江、云南、安徽省出台相关文件，大力发展森林康养服务产业，鼓励开发具有一定特色的旅游产品，不断拓宽发展层次和领域；提高相关服务设施质量，探索不同的产业融合模式，完善森林康养体系的建设，提升可持续发展能力。

2020年，福建、浙江、江西、河南、广东省出台文件，强调合理利用森林自然资源，建立完善的森林康养发展体系，开发有特色、有创新、更贴合需求的服务产品，努力满足人民对于康养的更高需求；推进基地建设和专业人才培养进程，努力打造成森林康养大省、区域特色和国际知名森林康养目的地。特别是，浙江、上海、江苏、安徽共同发布的《长三角森林康养和生态旅游区域一体化发展联合宣言》，立足长三角"三省一市"的优质资源，制定区域联合发展森林康养旅游的策略，使区域协同均衡发展。

（二）标准完善

2016年，《国家康养旅游示范基地标准》实行。该标准规定了基地建设的必备条件及要求。

2017年，发布《森林体验基地质量评定》、《森林养生基地质量评定》、《国家森林步道建设规范》和《生态露营地建设与管理规范》行业标准，其目的是促进森林资源的有序合理利用，政策引导其发展方向，使森林康养及相关产业积极健康发展，打造出真正符合需求和标准的服务及产品。贵州省发布了森林康养基地规划技术、基地建设的地方标准，对基地基本条件、设计规划、基础设施情况、产品服务情况等方面做出规定。

2018年，福建省《森林旅游资源调查与评价技术规程》，明确了森林旅游资源调查的相关内容与评价、流程、规范[7]。

2019年，黑龙江省《森林人家旅游服务规范》，针对森林人家旅游的场地选择条件、基础服务设施情况以及服务内容品质等方面提出相应标准。

2020年，湖南省《森林旅游示范市县评价规范》，明确了森林旅游示范市县的评价原则、方法以及指标。

相关政策、行业标准强化了森林康养行业发展的规范性及标准性，是森林康养旅游发展质量的技术保障，是技术和经济能力的综合反映。通过制定政策、标准引导行业的发展方向，引发行业的重新定位，鼓励和引导相关企业参与，提高森林康养旅游的市场认同度和知名度，打造品牌。

四　国内森林康养旅游理论与实践探索

（一）理论探索

在国家政策的引导下，人们逐渐关注、参与森林康养旅游，促使森林康养研究成为学术热点。

1. 科学研究

近五年，森林康养旅游相关研究的国家、省市级课题达百余项，论文发表数量上升迅速。研究内容主要涉及森林康养产业发展、基地建设、旅游产品研发、森林康养实证效果研究等方面。

（1）产业发展

就市场定位、国际交流、人才培养、平衡保护、宣传教育以及完善法规等方面进行分析，阐明了发展中遇到的问题，并对未来发展提出建议。基于供给侧改革国家战略下推进森林康养产业发展的新角度与思路，对产业融合视角下，森林康养产业与生态、养老融合模式进行研究。此外，福建、贵州、浙江、海南等多地，针对自身森林康养发展现状提出了发展路径。

（2）基地建设

基于基地的环境因子、空间特征、森林资源评价以及发展影响因素等分析，对基地的定位、建设适宜性、认证标准、规划设计、康养路径设计及改建对策等进行了研究。

（3）旅游产品研发

针对全国、省、市、区以及森林公园内不同尺度开展研究，分析了森林康养旅游产品的特点与优势，提出了融合、有序、可持续以及规范性发展的路径；结合不同森林康养模式的特点，研讨森林康养课程的制定、设计和实施。

（4）森林康养实证效果

一是森林康养中温湿度、负离子等环境因子指标测定及分析；二是森林康养活动中人体生理、心理指标的前后变化的测试和分析。研究表明：森林环境对人的身体健康及情绪恢复等都具有一定的促进作用，为森林康养实践提供了理论和技术的支持。

2. 论坛会议

森林康养旅游学术热度不断上升，召开了多次重要学术、产业发展会议，以加强交流、沟通、合作；并已形成了多个以森林康养旅游为主题的研究团队，开展了较为深入的学术研究。

（1）全国性会议

森林疗养国际研讨会探索了适合我国实际情况的森林康养发展路径与模式，并进行了深入的学术分享与讨论。

中国森林康养与乡村振兴战略论坛探讨了森林康养旅游产业发展现状、趋势及未来发展路径、创新发展模式。

海峡两岸森林康养学术研讨会对森林康养发展路径模式进行了充分的研讨，融合两岸发展经验，促进交流合作，助力发展。

中国森林康养产业发展大会（2020）围绕森林康养政策支持、森林康养与国家战略相互推进等议题展开，并发布《森林康养海口共识》。

国家森林康养产业发展规划与企业运营高峰论坛（2020）围绕国家战略、学科优势、专业建设、人才培养、运营模式等方面进行了深入的交流探讨。

（2）地区性会议

四川森林康养年会深入分析四川省森林康养产业优势以及未来发展规划，并发布了森林康养《成都宣言》。

海南国际健康产业博览会每年举行一次，展会吸引了许多不同类型展商参展，促进了健康产业的交流与合作。

广西森林康养产业发展论坛（2018）讨论了森林康养基地建设、产业发展模式等主题。

黑龙江省森林康养旅居研讨会（2019）研讨养老产业未来发展的新趋势、新途径以及与森林康养相结合的发展模式。

北京世界园艺博览会·贵州省日暨贵州森林康养暨民宿项目招商推介会（2019）为贵州省森林康养提供了新的思路与路径。

第十五届海峡两岸林业博览会暨投资贸易洽谈会（2019）针对森林康养发展面临的新机遇、新挑战，提出了发展建议。

第十六届林博会森林康养专场招商推介会（2020）全面展示三明特色与创新点，拓展林业发展维度。

"中国天然氧吧"2020年创建活动发布会暨第二届产业发展（2020）12个市县分别荣获"中国天然氧吧"荣誉称号。

3. 相关组织、研究和教育机构成立

相关组织、研究和教育机构的成立，强化了各自在促进森林康养旅游发展的优势，各方协同有利于森林康养旅游产业的可持续发展。高校、研究院建立的研究中心以及形成的科研成果，将促进森林康养循证研究的深化，进而推动森林康养科研、实践的协同发展。

（1）组织、研究机构

中国林学会森林疗养分会于2018年成立，该分会工作目标为：加大森林康养普及力度，制定相关的规范以及行业标准，对专业人才进行培训等，促进产业发展。2020年，中国林学会森林疗养分会与中国文化管理协会文化旅游专业委员会在北京签署战略合作协议，促进协同发展。

中国林业产业联合会森林康养分会工作目标为：支持森林康养项目、专业康养师培养，推行体系构建以及认证标准，促进产业融合，助力森林康养发展。

森林康养国家创新联盟由7家科研院所、4所高校、38家企业和

25家其他类型单位组成,目标是提升森林康养旅游产业的核心竞争力。

森林康养研究会于2019年5月成立,此研究会是由湖北大学、湖北省林业科学研究院等单位联合发起的,目标为助推森林康养事业发展,主要开展相关实证研究以及实践、专业人才培养、基地建设规划等。

北京林业大学森林康养研究中心于2018年建立,目标是助推我国森林康养教育事业、人才培养的发展。

西南林业大学森康养研究院于2020年建立,目标是借助西南林业大学相关学院和学科学术资源及师资力量的支持,推进森林康养相关研究工作的不断开展,打造理论与实践相结合的综合性高水平研究院。

(2)专业教育

北京林业大学开设了野生动物与自然保护区管理(森林康养方向)专业,以适应发展趋势,培养具有掌握多学科知识、牢固专业知识能力、创新精神以及专业技能的森林康养人才为目标,同时,建立了科研基地,助推学科发展。

福建农林大学开设林学森林康养班,课程结合林学、医学、养生学以及森林旅游等内容,旨在培养森林康养专业人才。

(二)实践探索

汲取国内外相关领域的发展理念和成功经验,抓好、抓实森林康养基地建设和人才培养,不断提高康养基地建设档次和服务水平,满足人们对森林康养旅游高品质的需求。

1. 基地及小镇建设

2016~2018年,确定了18家全国森林养生基地试点,并出台相关的政策文件,明确了发展要点及发展方向。

2019年，为满足公众多样化的户外游憩需求，公布了100家森林体验和森林养生国家重点建设基地，旨在打造符合高品质的森林康养旅游产品，引导新业态健康发展。

2020年，发布的第一批128个国家森林康养基地中，有21家以县为单位展开了基地建设。福建森林康养基地"十养"联盟成立；《贵州安顺九龙山国家级森林康养小镇总体规划》进行专家论证；福州打造全省首个城市森林康养小镇；湖北英山桃花溪康养小镇开展21天森林康养体验公益活动，对森林康养进行实证研究。

2. 专业人才培养

森林疗养师培训班，从2016年开始已成功举办五届。目标是为森林疗养和森林体验培养具有专业理论技能与实践经验的人才。

2017年，湖南、陕西省开设了森林康养培训班[8]。

2019年，陕西、福建、浙江、贵州省举办森林康养培训班。

2020年，浙江瑶琳森林公园开展三天两晚森林疗养基地的医学实证相关的研究工作；福建省围绕产业有序发展，举办全国森林康养产业政策培训班。

五 国内森林康养旅游发展模式与未来展望

（一）发展模式

1. 贵州开阳县水东乡舍："森林康养+乡村旅游"

贵州开阳县水东乡舍被列为第一批国家森林康养基地，依托丰富的森林康养资源，以"三变改革""三权分置""三改一留"的改革模式，鼓励村民为游客打造居住品质高、可充分融入农家生活的休闲度假民宿，从而结合乡村旅游提供更优质的森林康养服务。

将乡村振兴和健康中国两大战略相融合,同步提升生产、生活、生态质量,乡村依托其良好的生态环境和相关产业资源发展森林康养产业,不仅推动了乡村产业的振兴发展,也有效地推动了健康中国战略的实施。

2. 玉峰山生态园森林康养基地:"森林康养+科普教育"

玉峰山生态园森林康养基地自然条件优越,森林资源丰富,景观效果优越。森林康养基地现拥有20多辆房车、30余栋低碳节能的装配式建筑,已基本形成集低碳建筑科普基地、自然教育、森林康养、休闲旅游于一体的综合型森林康养基地。

森林康养与科普教育相结合,不仅提供了康养场所,也为青少年提供了天然的科普基地,拓展知识与见识,提升科普功能。

3. "森林康养+互联网"

以物联网、移动互联网、云计算、大数据和智慧化技术为代表的新一代信息技术助力森林康养产业发展,利用科技手段实现森林资源的实时监控调查,运用大数据以及智慧化技术等促进森林康养高速发展。

4. "森林康养+养老"

将森林康养与养老结合,创新多元发展养老模式,缓解社会老龄化带来的问题。森林康养旅游成为热门的选择,未来需要满足老年人诉求,针对老年人的身体心理状况,设计更为合理的森林康养产品,提供更为贴心的森林康养服务,促进森林康养与养老产业结合。

(二)未来展望

森林康养旅游,促进了经济和生态文明的融合发展,是社会生活水平提高、满足人民美好生活需要的必然结果。近年来,我国的森林财富持续增加,绿色发展的生态资本更加扎实,为森林康养旅游产业的发展,提供了更大、更好的空间和市场。

1. 规范森林康养旅游行业发展机制

森林康养旅游作为新兴产业，面临缺乏规则、目标和方向等问题，市场秩序混乱最终会影响行业的健康发展。因此，必须从发展之初就树立走精品、特色发展的观念；通过高效的管理机构协调产业的核心平台和载体（森林康养基地和疗养师），严格准入机制，规范行业标准，保证森林康养旅游行业的可持续发展。

2. 完成全国森林康养旅游产业总体布局

选取资源丰富、产业基础好、设施完善的区域，布局森林康养基地；围绕服务高端、以人为本的理念，对森林康养的服务内容、项目进行整合，形成综合集成平台；形成全国性的森林康养旅游中心和具有区域特色、国际影响力的森林康养旅游基地。

3. 打造多种类型的森林康养旅游产品

加强政策支持，发展服务新业态、新模式，促进森林康养与休闲、游憩、养老、科研、教育、体育、医疗、扶贫融合的森林康养服务产业集群。加强基础设施建设，在保证可达性和安全性的基础上，丰富森林康养活动，积极培育冰雪、山地、水上、马术等具有消费引领特征的时尚休闲康养项目，鼓励发展多种形式的康养俱乐部，扶持中小微企业配套发展，打造知名品牌，实现良性循环。

4. 提高森林的生态文化价值

崇尚"天人合一"，践行生态文明的发展模式。大力推进森林康养旅游，提供优质的健康养生养老、自然教育、游憩休闲等生态文化产品；倡导中华美德、传承创新，发展具有历史记忆、文化底蕴、地域风貌、民族特色的森林康养产品，增强文化自信、文化自觉。

5. 加强人才培养和科学研究

人才是森林康养旅游产业发展的保障和前提。森林康养导游和治疗师的市场需求很大，要逐步构筑高层次的科研教学平台，提升行业的核心竞争力。建立健全资格制度和培训机制，开展培训和考核工作，保证服务人员能提供科学、有效的森林康复指导。通过森林康养效能的研究和学术交流，持续提升服务品质，拓展服务产品，探索更完善的产业发展模式，实现科研、实践的双向互动发展。

疾病类人群、亚健康人群、养生人群、养老人群及幸福家庭的需求，成为森林康养产业最基本、最可靠的市场基础。森林康养是一个新生事物，森林康养旅游满足了人们回归自然、追求生命质量的心理需求。社会各界正在加速探索的步伐，使森林康养旅游成为人民的健康之路、文化之路、发展之路和幸福之路。

注　释

[1] 杨利萍、孙浩捷、黄力平等：《森林康养研究概况》，《林业调查规划》2018年第2期，第161~166、203页。

[2] 丛丽、张玉钧：《对森林康养旅游科学性研究的思考》，《旅游学刊》2016年第11期，第6~8页。

[3] 刘照、王屏：《国内外森林康养研究进展》，《湖北林业科技》2017年第5期，第53~58页。

[4] 何彬生、贺维、张炜等：《依托国家森林公园发展森林康养产业的探讨——以四川空山国家森林公园为例》，《四川林业科技》2016年第1期，第81~87页。

[5] 王瑷琳：《国内康养旅游服务产品的开发策略探析》，《中国商论》2017年第34期，第39~40页。

[6] 黄雪丽、张蕾：《森林康养：缘起、机遇和挑战》，《北京林业大学学报》（社会科学版）2019年第3期，第91~96页。

[7] 刘友多：《福建省森林旅游资源调查与评价技术研究》，《防护林科技》2016年第11期，第48~51页。

[8] 孟祥明、熊月萍、刘长荣等：《宁东林业局森林康养业发展思考》，《陕西林业科技》2017年第6期，第70~73页。

庐山康养旅游发展研究

沈中印 雷彬*

新冠肺炎疫情给旅游业带来巨大冲击,旅游业正面临新的变局、新的历史性挑战和考验。在后疫情时代,旅游业渐渐复苏,但仍不尽如人意。由于人们对健康的强烈追逐,旅游业日益关注健康旅游需求和市场,慢慢转型升级康养旅游产业。在这一特殊时期,康养旅游日益受到青睐,全国各地康养旅游可谓风生水起,各自呈现出不同的发展模式与特征。银发市场、亚健康人群市场和追求生活品质人群市场是康养旅游的最主要市场,康养旅游业发展必须契合当今市场的需求,找准市场方向,开发适合市场的旅游产品。庐山旅游业以市场需求、特点和特性以及人们对健康的需求和美好生活的向往为根本出发点,积极谋求康养旅游的大发展和大跨越,奋力开创新时代康养旅游新业态和新模式。

一 庐山康养旅游发展阶段

庐山康养资源富足,且资源禀赋极高,具有发展康养旅游的绝佳条件。庐山康养旅游经历了三个阶段,同时也呈现出了三种重要和鲜明的康养业态,即别墅避暑康养、温泉康养疗养和大健康养生地产的运动康养。

---

* 沈中印,九院学院旅游与地理学院副教授,研究方向为旅游开发与管理;雷彬,九院学院旅游与地理学院副教授,研究方向为旅游经济与管理。

（一）避暑康养阶段——庐山别墅群的单一业态（1905～1958年）

从20世纪初开始，由于夏季庐山山顶清凉的气候与山顶大量别墅的建造，庐山随即进入避暑康养发展时期，并被公认为全国四大避暑胜地之首。一直到1958年庐山温泉康养的出现，庐山才注入了新的康养旅游新业态。

（二）避暑康养与温泉康养并存阶段——庐山别墅群和庐山温泉群双业态（1958～2005年）

由于庐山温泉有悠久的历史以及极高的疗养价值，1958年，江西省总工会庐山温泉工人疗养院开院，庐山由此开启了温泉康养旅游的新业态，尤其在当时国内医疗不太发达的背景下，稀缺的温泉疗养颇受青睐与追捧。一时间，温泉小镇的温泉大规模开发建设，温泉地产也孕育而生，形成了庐山温泉群，掀起了温泉康养旅游的热潮。从此，庐山进入了山顶避暑康养和山下温泉康养旅游的双业态。

（三）避暑康养、温泉康养与大健康养生综合——庐山别墅群、庐山温泉群和大健康养生地产三结合业态（2005年至今）

庐山康养旅游的另一大业态表现为大健康养生地产，而这一新的康养业态就出现在庐山西海风景区（原云居山—柘林湖风景名胜区）。1999年云居山—柘林湖风景区旅游开始全面开发，形成了以运动养生和生态环境养生为主的旅游形式。2005年云居山—柘林湖风景区被列为国家级风景名胜区，中信庐山西海地产项目是庐山西海养生旅游地产发展的标志，庐山西海进入养生度假的全面建设阶段，目标定位为"国际养生度假旅游区"，导入大健康旅游养生理念，开始了运动养生、健康养生和度假养生的综合性的康养方式，这一阶段主要以中信旅游地产为主导，同时庐山西海也进入了第一批全国中小学生研学实践教育基地名单。2011年以后，由于庐山西海的交通大动脉建设，交通区位优势和生态资源优势日益凸显，庐山西海康养旅游业进入了快速发展的新阶段。2015年以来，政府开始引导旅游发展，国有景区逐渐走上舞台并崭露头角，一个个高规格高品位的景区由此诞生，康养旅游开始进入"旅游+"和全域旅游时代，"旅游+"为庐山西海全行业发展重新打开了"一扇门"。同时，中海地产也进入庐山西海的旅游养生地产，打造"中海养生度假地产"品牌。由此，庐山西海融合了国有和民营两种旅游开发和经营管理新模式，康养旅游业态也逐渐发展起来。2020年，文化和旅游部确定庐山西海为国家5A级景区，景区的提升和深度开发以及业态向纵深发展，大健康产业风生水起，健康与养生成为庐山西海的发展方向，山水生态环境建设与运动康养成为核心，庐山西海全面进入了康养旅游时代。由此，庐山呈现出别墅群的避暑康养、温泉群的温泉康养和大健康养生地产康养的三结合业态。

二 庐山康养旅游发展现状

庐山依托优质的自然山水资源和人文旅游资源，开发了山地避暑、森林康养、温泉康养、湖泊康养、养生养老、乡村康养、宗教康养、运动康养等形式多样的康养旅游类型。其中避暑康养、温泉康养和运动康养是重点发展的三大类型：避暑康养以庐山山顶别墅群为依托发展避暑度假，温泉康养以庐山脚下温泉群为载体发展温泉疗养，庐山西海以养生养老旅游地产、云居山和柘林湖的生态环境资源为依托发展运动康养。

（一）庐山别墅群

避暑康养以海拔1200米、年云雾200多天、夏季温度24度左右的清凉之地庐山山顶以及别墅群的别墅酒店和别墅民宿为载体提供避暑条件。庐山是中外闻名的避暑胜地，气候垂直分带明显，多云雾，所以具有绝佳的避暑康养气候。庐山利用其优越的自然旅游资源与人文旅游资源禀赋，成立庐山旅游发展有限公司，有重点有步骤发展康养旅游。但避暑康养主要以避暑养心为主，医疗康养少，对自然资源有较强的依赖性。

（二）庐山温泉群

利用温泉康养资源，建立温泉康养中心和基地，庐山温泉康养旅游数量和规模大，但总体表现为散、弱、小，且质量有待提高。温泉康养旅游区拟建成集温泉疗养、健康养生、保健理疗于一体的国家级旅游度假区和国际医疗先行导区疗养胜地。庐山温泉康养同样有步骤地引入大投资商运营康养旅游业，例如江西旅游集团现已经在运营汤太宗温泉，以期做大做强温泉康养产业。庐山东林庄温泉酒店和上汤温泉度假村通过与香港帝盛酒店、知名旅行社合作，拓展港台、日韩及东南亚旅游市场，在温泉旅游营销上实现"借船出海"。

（三）大健康地产

庐山西海康养旅游的一大鲜明特征就是康养旅游地产，以运动康养为主导方向，引入大投资商中信地产、中海地产、中海沃森假日酒店、中交华体庐山西海投资有限公司、盛元康养地产等，以及本土庐山西海旅游投资有限公司，重点发展养生养老地产、运动康养地产、温泉康养地产、山水康养地产等，大公司的参与效果非常显著。

三 庐山康养旅游发展模式与特征

（一）避暑康养

庐山经过百年的历史发展，其显著特性体现为"避暑"、"夏都"、鲜明的山地自然物候和人文资源景观。康养旅游模式为"避暑+休闲+度假+养心"，在避暑康养上开发了高品位、高标准、高起点的康养旅游产品，重点打造观光康养旅游产品、生态康养旅游产品、度假康养旅游产品、会议康养旅游产品、文化康养旅游产品、宗教康养旅游产品和科普教育康养旅游产品。依托清凉牯岭、庐山文化和自然风光，借助避暑酒店和民宿的两大主要接待形式，庐山每年吸引许多国际国内游客来避暑。

（二）温泉康养

庐山温泉旅游区充分利用温泉康养旅游资源，建立温泉康养中心和基地，打造温泉康养旅游度假区，康养旅游发展模式呈现出新的特征。

1. "温泉+旅居+养生+养老"的全生命模式

桃花源（天沐温泉）养老疗养中心，是江西省庐山桃花源民族养老开发有限公司联合庐山温泉工人疗养院和天沐温泉酒店共同打造的高端医养结合项目。项目规划有疗养养老专区、康复医疗专区、艺术文化区、中医学护理培训区四个区域。一期将天沐闲置楼房打造成"艺术文化中心""康复理疗大楼"。利用"业态+文化"融合模式建立桃花源第六村的高端医养融合型温泉养老基地，以江西省总工会庐山温泉工人疗养院（天沐温泉）为主体，秉承"酒店式服务，医院式管理，家人般呵护"的服务理念。以"老有所享、老有所创"

的文化理念，提供专业、高档次的医疗、养老、疗休养等健康服务。将温泉结合医疗养生、旅居养老，把养生养老贯穿整个生命的全过程，预防疾病和延缓衰老，为中年和60岁以上"活力老人"提供"疗、休、养、游"的每一刻每一个细节的个性化特色服务，以及"临终关怀"服务，提升生活品质。借助深厚的庐山文化底蕴，尤其是火爆的《庐山恋》，开发了以"茶香乐舞"的金牌活动，打造"桃花源文化、桃花源人、桃花源的一带一路"的"庐山再恋"康养旅游的金牌项目。

2. "旅游+学习+养生+疗养"的模式

中复康庐山醉石游学养生基地，由北京中复康养老服务股份有限公司联手中国老年大学协会、国民老年大学共同开发打造。以"研学+康养+文化酒店"的形式，创新"互联网+养老"的商业模式，对养老服务、养老培训、老年教育等产业资源进行整合，独创出国内唯一以"游、学、养"三位一体的养老模式，打造出中复康综合服务平台，满足活力老龄人口的高品质休闲养生需要。以"游、学、养"的形式，重点做"活力老人"的"旅居"和"候鸟养老康养"，借助"温泉+文化酒店"，充分利用旅行社和团队带来的主要客源，同时与北京国开老年大学等全国养老机构合作，开办"互联网+养老"高级研学班，发展老年会员，把游玩、学习、养生活动贯穿整个过程。提供免费疗养，配备高级营养师及专业的护理人员全天候提供服务，同时开展中医（西医）特色健康管理，集线上咨询、线下服务与医养结合的新型健康管理服务理念，让人们亚健康状态得到改善。

3. "养生餐饮+中医+疗养+温泉"的模式

以庐山温泉和中医芳疗为载体，融合"中医养身"和"人文调心"理念，引入中式哲学与相关的历史文化，打造健康时尚的中式温泉养身调心的健康生活方式，建立汤太宗温泉康养基地，重点做好"养生餐饮+中医疗养+温泉养生"三大块，产品体系则做好

"中医+芳疗""中医+食疗""中医+温泉",创新出一系列康养产品。此外,温泉康养规划建设了庐山颐和温泉养老中心(由铭佳温泉酒店与湖南九九富达集团公司合作开发建设)、曦龙温泉康养旅馆(由庐山温泉假日湾度假开发有限公司开发建设)、庐邑养生养老示范区(由远洲集团接收星子天逸创业有限公司打造建设,拟建设成高端养生养老项目)、天恒"绿城"桃花源项目(由蓝城集团和南昌中科体检合作开发)。

(三)运动康养

庐山西海利用大健康养生地产,良好的生态资源、温泉地产、民宿、俱乐部等,建立运动度假小镇、水上运动中心和小球运动中心,大力发展运动康养。

1. 沃森 House 乡村康养俱乐部

中海庐山西海度假区,定位新运动度假小镇,以康养旅游的俱乐部形式运作,打造旅游康养度假区,包括高端住宅、运动健康、温泉康养、休闲度假、田园综合体五大主题,绿动乐园、五星级希尔顿格芮精选酒店(全国只有三家)、高端住宅区三大板块。国内第一家以高尔夫名人堂名将汤姆·沃森命名的中海沃森假日酒店,旨在打造成为一个高端客户群的运动康养度假区。绿动乐园——山海派乐球场、绅士运动派乐球。区内还有中海庐山西海足球训练基地、山海门球场、游艇码头(享用与培训游艇)、中海绿世界欢乐农场、半岛&婚纱摄影基地等项目。用最亲近自然的方式,感受团体协作的魅力,达到在自然山水间享受运动康养的乐趣。

2. 庐山西海水上运动中心

利用庐山西海的水域,依托农家乐和民宿,建立庐山西海水上运动中心,开展运动康养项目,水上项目包括快艇游湖、摩托艇、帆船、皮划艇、水上降落伞、水上飞机、龙舟、竹排、小黄鸭等,开展水上运动、培训教学等项目。

3.西海舰队小球中心

已建成国家级小球运动中心,包括室外室内网球场、羽毛球场、乒乓球场、小型足球场、门球场等小球类项目,发展小球运动康养。此外,还建立了西海自行车驿站,每年举办环西海自行车赛。

四 庐山康养旅游发展的对策措施

(一)政策保障

庐山政策上大力支持康养旅游大发展,政府为康养旅游保驾护航。争取对大健康产业项目立项以及在建设用地指标和资金等方面给予相应的扶持;对于康养旅游新业态和招商投资给予一事一议的最优惠政策;政策支持康养旅游小镇、康养旅游村落、特色康养旅游基地、康养旅游特色景区和康养旅游项目的建设;政策支持世界级康养旅游项目、国家康养旅游示范基地、国家体育旅游示范基地的建设,把庐山打造成为世界级康养旅游度假区。

(二)顶层设计

顶层设计康养旅游大战略和大格局,以"避暑+温泉+运动"为核心板块,深化"康养+旅游"产业融合发展;顶层设计与引导康养旅游业态,横向和纵向拓展新的康养旅游发展空间;持续推进庐山旅游公路建设,充分利用环庐山旅游公路和环庐山西海旅游公路的建设与提升,做好康养旅游的规划与布局;顶层设计"庐山山顶——环庐山旅游公路——环庐山西海"的康养旅游核心空间布局,完善康养旅游产业链。

（三）产业融合

庐山康养旅游以大健康理念"旅游+健康+文化"进行产业融合，以大项目带动文化旅游大健康产业发展，创建国家级旅游度假区、国际医疗先行区等重点建设项目。庐山旅游发展有限公司加大开发，建设山顶避暑康养产业链，完善康养旅游各环节要素；温泉康养旅游区要成立温泉发展集团，积极与国有企业对接，做到应统尽统、应纳尽纳等工作，加强温泉旅游产业链和要素的建设与提升；庐山西海做精做特运动康养旅游产业，培育康养旅游新业态和项目创新。庐山充分发挥生态环境优势，争创产业要素齐全、产业链完备、公共服务完善的国家康养旅游示范基地，并加快医疗保健体系建设。

（四）市场培育

庐山积极谋划大健康养生旅游，拓展形成"康复+避暑"、"康复+运动"、"医疗+养生养老"和"温泉+养生养老"等模式的大健康养生旅游，培育康养休闲、康养度假、康复理疗、专项医疗和疗养等市场主体。充分利用庐山生态环境优越、交通条件便捷等优势，以生态养生、温泉养生、运动养生、医疗养生、佛道养生和乡村养生等为主题，运用修身养性、健康养生理念以及现代健康理论，大力发展运动康养、医疗养生、温泉疗养和养身养心等健康养生养老服务。将康复医疗疗养和健康度假结合起来，针对国内外大众旅游观光市场和高端健康养生市场，开发提供健康疗养及慢性病、老年病、职业病疗养等特色服务养生服务，鼓励发展中医养生馆、中医养生街区，开展中医特色健康体检和健康管理。

（五）加大引资

加大招商引资力度，鼓励社会资本投入康养旅游，投资开发以民宿康养、运动康养、亚健康疗养、老年公寓、康复护理、疗养医院、临终关怀等为主要内容的各类康养服务综合体，提供集健康、养生、养老、医疗、保健于一体的各类康养服务。加强重大康养保健项目招商引资，大力推进生命健康小镇、温泉康养小镇和大健康等康养项目的落地成效。

（六）狠抓项目

庐山狠抓项目建设，统筹规划和推进康养旅游的重点项目。一是利用庐山人民医院、原飞来石宾馆开发建设庐山康养中心，实现资源互补、产业融合，为庐山旅游发展打造新亮点、提升新品位、发展新项目带来机遇。二是积极推进庐山桃花源（天沐温泉）养老疗养中心建设。该中心是江西省庐山桃花源民族养老开发有限公司联合庐山温泉工人疗养院和天沐温泉酒店共同打造的高端医养结合项目，旨在为社会各界中高端人士提供专业、高档次的医疗、养老、康复服务。项目规划疗养养老专区、康复医疗区、艺术文化区、中医学护理培训区四大区域，提供养老、疗养、康复一体化方案，让离退休老人及在职亚健康人群享受到专业、高品质、全龄化、全程化持续照护的养老疗养服务。三是完善康养旅游功能配套项目建设。全力做好高铁新区、庐山大道提升改造、温泉旅游度假区项目转型升级等项目开工建设，充分利用庐山西海射击温泉康养运动休闲小镇的示范引领作用，运营好中海足球训练基地和西海舰队小球运动休闲中心项目，丰富体育旅游产品，借威斯特俱乐部、西海庞博极限户外摩托艇俱乐部成功组建经验，再分类组建一批体育旅游俱乐部。积极承接骑行、马拉松等体育赛事。依托广袤湖面，办好庐山西海帆船大赛、垂钓大赛、摩托艇大赛、花样潜水赛等精品旅游赛事，打造有较大影响力的西海特色体育赛事品牌，并大力引进一批水上娱乐项目。依托山林资源，开发登山、徒步、户外穿越、露营、野外生存训练等新潮运动项目。大力倡导推动全民健身运动，把龙舟赛、羽毛球赛、乒乓球赛、篮球赛、微马赛、登山赛等一批常态化的群众体育活动推广到全区、影响到周边，营造浓厚的体育旅游氛围。继续建设江西省射击运动管理中心整体搬迁项目、庐山西海中海足球运动度假村项目、庐山西海运动探险乐园项目、华创·庐山西海生态康养示范基地项目、蒙特勒度假养生中心项目等。

（七）康养住宿

庐山大力发展康养旅游住宿业，以市场需求为导向，加快优化康养旅游住宿设施的空间布局、档次结构和功能结构，以避暑康养、温泉康养、运动康养为集中分布区域，完善康养住宿接待配套建设，培育多样化、多层次的康养旅游住宿设施体系。加大对高端品牌度假酒店引进力度，新建一批精品民俗康养客栈，建立康养汽车旅馆网络，发展特色康养民宿，建设禅宗主题特色康养客栈、禅宗康养主题酒店。

（八）典型措施

在康养住宿业方面，庐山西海的做法具有典型性。以康养旅游作为促进旅游转型升级的有力抓手，积极引进培育龙头企业，发挥龙头带动作用，促进全产业链发展，实现高质量发展。坚持差异化发展，打造一批不同主题、各具特色的康养旅游基地。一是借力生态环境，打造养生养老的乐居民宿；二是借力山区优势，打造体验山野隐居的山居民宿、避暑胜境的休闲民宿；三是借力湖区优势，打造推窗看"海"的湖居民宿。

庐山西海将民宿发展作为康养旅游发展的切入点贯穿于全域旅游发展当中，"规划+政策+产业+扶持"四位一体。一是规划引领。聘请高水平团队对民宿康养发展进行整体规划，确立了景区养生、森林康养、乡村体验、温泉养生、滨水度假等五大民宿康养发展类型，结合林区、湖区、温泉、高山等乡镇地域特点实施差异化、个性化发展。二是政策保障。先后出台《关于推进民宿经济发展的指导意见》和《旅游民宿产业扶持和管理暂行办法》等文件，明晰了民宿产业发展的时间表与任务书。每年修订出台《全域旅游发展奖补办法》，奖励民宿开办、评星定级，两年来共发放各类民宿奖补、扶持及返补资金 600 多万元。民宿新国标出台后，现有 5 家民宿进入国家星级评定创建。三是打造产业。将具有民宿发展潜力的闲置房屋、山场、土地等资源通过租赁的方式集中到村里、组里和乡办旅游公司，精心包装并对外进行招商推介，吸引大批企业家和乡村能人下乡创业，着重聚焦连锁品牌，成功引进"天天惦记"等一批具有先进经验和理念的全国连锁民宿品牌；悦山居、林云山居、桐林山宿、北湾人家等一批精品民宿在市场上渐成品牌并荣获首届"九江市十佳最美民宿"。四是精准扶持。统筹整合康养旅游产业发展基金，优先考虑民宿康养配套建设。贫困户开办民宿的，作为产业扶贫予以资金支持。探索以土地政策、租赁为主的民宿、点状供地的方法，组织模式有长水民宿集群、武陵岩民宿联盟，争取民宿整体营销、OTA、回头客等。

参考文献

任宣羽：《康养旅游：内涵解析与发展路径》，《旅游学刊》2016 年第 11 期，第 1~4 页。

沈中印：《文化旅游理论与实践研究》，光明日报出版社，2019。

任宣羽、杨淇钧：《康养环境与康养旅游研究》，四川大学出版社，2019。

周仲尧等：《中国庐山温泉》，工人出版社，1985。

九江市发改委：《九江市十四五规划纲要》2021年第2期。

庐山市人民政府：《庐山市政府工作报告》2021年第1期。

庐山西海风景名胜区管理委员会：《庐山西海十四五规划纲要》2021年第2期。

桂林市康养旅游产业开发模式与创新路径研究

易志斌*

一 引言

2020年10月党的十九届五中全会通过的《中共中央关于制定国民经济和社会发展第十四个五年规划和二〇三五年远景目标的建议》提出了"全面推进健康中国建设"的重大任务。近些年党和国家出台的一系列"健康中国"相关文件和政策，不仅推动了卫生健康事业取得新的发展成就，也催生了"康养旅游"，促使"康养旅游产业"成为众多国内外资本追逐的对象。2016年1月，国家旅游局出台《国家康养旅游示范基地》行业标准，确定了5个"国家康养旅游示范基地"，并将"康养旅游"作为一种新的旅游方式纳入国家旅游发展战略。目前，"康养旅游"已经得到市场和社会各方的广泛认同，它是将健康产业、养生产业和旅游产业相融合的一种高品质的旅游产品[1]。桂林作为享誉中外的知名旅游目的地，经过40多年的发展已经取得了巨大的成就，但随着全国各地旅游业的迅猛发展、旅游消费方式和旅游消费需求的不断变化等，目前桂林市旅游产品过于单一（观光型旅游产品长期处于垄断地位），精品旅游线路和新旅游产品有待开发，存在旅游产品结构体系不够完善和旅游产业聚集不足等突出问题。面临当前这些旅游产业问题，桂林市紧

---

* 易志斌，博士，南开大学旅游与服务学院副教授，硕士生导师，研究方向为可持续旅游、景区产品开发。

随时代发展潮流，积极响应国家政策，不断推进旅游产业转型升级，提出大力发展康养旅游。近些年，桂林市先后编制了《"健康桂林2030"规划》《桂林市健康产业三年专项行动计划（2017～2019年）》，出台了《桂林市健康旅游产业发展规划（2017～2025年）》《桂林国家健康旅游示范基地建设实施方案》等规划和文件，为国家健康旅游示范基地建设营造了良好的环境，并于2017年7月成为国家首批13家健康旅游示范基地之一。根据《中国康养产业发展报告》，桂林市已成为全国康养20强市之一，而且象山区、临桂区入围中国康养县域发展潜力50强[2]。桂林市康养旅游产业主要以"医、康、养、健、智、学"为导向，目前在国内外已形成一定的影响力，正朝着具有较大国际影响力、国内一流健康旅游目的地大步迈进。

二 桂林市康养旅游资源禀赋状况

康养旅游资源是开展康养旅游活动的物质基础和先决条件，属于旅游资源的一部分。康养价值和功效不仅是康养旅游资源的最重要属性，也是该资源区别于其他旅游资源的本质所在，更是吸引旅游者到访的关键所在。目前，康养旅游作为一种新兴旅游业态，虽然学术界和产业界讨论此话题的文章很多，但关于康养旅游资源概念的界定，目前学术上尚没有权威的论述，更没有大家统一认可的定义。鉴于此，本文参考《旅游资源分类、调查与评价》（GB/T 18972-2017），将桂林市康养旅游资源分为自然类和人文类。自然类康养旅游资源包括气候康养旅游资源、空气康养旅游资源、山体康养旅游资源、水体康养旅游资源、森林植被康养旅游资源、岩洞康养旅游资源、农产品康养旅游资源等。人文类康养旅游资源包括医药养生文化资源、食疗康养文化资源等。

（一）自然类康养旅游资源

1. 气候康养旅游资源

桂林市地处低纬度，属亚热带季风气候，境内气候温和，雨水充沛，日照充足，夏季长冬季短，四季分明且雨热基本同季，气候条件相当优越。年平均气温为18.9℃，8月最热，月平均气温为23℃，1月最冷，月平均气温15.6℃。年平均无霜期309天，年平均相对湿度为73%~79%[3]。唐代诗人杜甫曾以"五岭皆炎热，宜人独桂林"来描述桂林地区的气候状况。桂林市得天独厚、舒适宜人的气候条件非常有利于治疗许多中老年病和慢性病，如对风湿性关节炎、气管炎、心脑血管病、骨质疏松等具有很好的疗养效果，还可以减少这些疾病的复发。此外，桂林市十份优越的气候康养资源可以满足康养旅游者长期度假需求。

2. 空气康养旅游资源

桂林市环境空气质量极佳。根据《桂林市生态环境状况公报》可知，2019年桂林市环境空气质量优良率为88.5%，空气质量指数范围为20~195，全年有143天空气质量指数为一级，180天空气质量指数为二级，多项空气质量指标位居全国前列。多数旅游景区每立方厘米负氧离子含量超过9000个，是名副其实的"氧吧城市"。桂林市清新优越的空气资源为开发游憩、度假、疗养、运动、教育、养生、养老以及食疗（补）等多种康养旅游活动奠定了坚实基础。

3. 山地康养旅游资源

桂林市属山地丘陵地区，位于南岭山系西南部、桂林—阳朔岩溶盆地北端中部，处在"湘桂夹道"中，地形为西部、北部及东南部高，中部较低，以中山或低中山地形为主。桂林市平均海拔150米，号称华南第一峰猫儿山最高海拔2141.5米，海拔最低处平乐县低至97米。桂林市凭借其独特的丘陵地形地貌，构造出以山、河、岩、泉、洞、峡、湖、瀑、森林等为主体的自然景观组合，并形成了开展徒步、漂流、林地探险、滑草、探洞、露营、穿越、溯溪、骑马、攀岩、山地摩托等山地康养活动的天然优势。

4. 水体康养旅游资源

山水甲天下的桂林市有着江河发源地的水资源优势，发育和流淌着分属长江、珠江流域的湘江、资江和漓江等著名河流，拥有水资源量达391亿立方米，人均水资源量是全国人均水平的6倍[4]。而且，桂林市地表水环境质量保护得非常好，一直在全国城市地表水考核断面水环境质量排名中名列前茅。特别值得一提的是，漓江城市段地表水水质达到国家饮用水标准。根据近年来桂林市自来水公司发布的市区自来水水质检测情况，桂林市区自来水出厂水、管网水水质综合合格率达99.99%，高于国标《生活饮用水卫生标准》（GB5749-2006）水质综合合格率95%的指标要求。桂林市量足质优的水资源，为开发康养旅游中的水上运动、水上赛事等提供了便利条件。

另外，古今中外都有利用温泉疗养身体的说法和做法，而且学术领域已有大量文献表明温泉具有康养和医疗功能。温泉因为含有丰富的矿物质以及合适的温度具有治疗多种疾病作用，而且有改善亚健康及美容等功效。桂林市秀丽的山水孕育了众多优质富含多种矿物质的天然温泉，如龙胜温泉、资源丹霞温泉、金钟山温泉、乐满地水科技矿温泉、炎井温泉、仙家温泉等。这些天然温泉凭借极其优美的自然环境和优良的水质，每年都吸引着众多国内外旅游者前来洗浴、休闲、疗养等。

5. 森林植被康养旅游资源

桂林市拥有丰富的森林资源，森林覆盖率达70%以上，城市绿化率为44%，建有森林旅游景区50多个，主要分布在龙胜、资源两县和花坪、猫儿山、千家洞、海洋山自然保护区和10多个国有林场中。桂林市国家一级保护植物有银杉、资源冷杉、红豆杉、南方红豆杉、钟萼木、香果树、银杏7种，这些国家级保护植物的花果对人的身体具有一定的保健价值。桂林市已建立12个自然保护区，总面积328400公顷，占桂林辖区面积的11.87%，其中国家级自然保护区4处，属自治区级自然保护区8处[5]。这些丰富的森林植被资源为桂林市开展森林康养旅游活动提供了良好的基础和有力支撑。

6.岩洞康养旅游资源

喀斯特地貌造就了桂林市岩溶洞穴星罗棋布，在当地有一种说法"桂林无山不洞"。据不完全统计，桂林市有3000多个岩洞，无洞不奇[6]。著名的岩洞有：芦笛岩、七星岩、穿山岩、冠岩、丰鱼岩、银子岩、莲花岩和黑岩等。桂林市这些岩洞不仅内部钟乳石千姿百态、色影斑斓、惟妙惟肖、出神入化，全年温度还相对稳定、湿度大、负氧离子高、天然地磁场强和生物量少。岩洞内的围岩、堆积物、水等营造出的景观幽静而黑暗，影响着到访者的心理环境，有利于舒缓人体压力、调节身心健康。因此，岩洞独特的小气候环境，为人们提供了舒适、健康的康养环境和精神调节场所，可以开展疗养、康体、休闲等一系列有益身心健康的活动。

7.农产品康养资源

桂林市是广西无公害农产品、绿色食品、有机农产品和农产品地理标志"三品一标"的先进典型示范区，也是广西富硒大米、高山蔬菜等生态农产品的主要产区。目前，桂林市各区县依托当地的气候和土壤，种植出各种富有特色的有机农产品。桂林市有180多个农产品获得了无公害农产品标志使用权，200多个养殖产品通过无公害认证。桂林市多个区县土壤富含抗癌和延缓衰老的硒元素，生产的罗汉果、优质大米等农产品硒含量达到国家富硒标准[7]。荔浦砂糖橘、恭城月柿、阳朔金橘、兴安葡萄、资源红提等富含钾、铁等有益人体健康的微量元素。另外，当前桂林市有绿色食品生产企业15家，25个产品获得"绿色食品标志"使用权，获准绿色食品生产面积48.95

万亩。桂林市各区县的这些无公害农产品、有机农产品资源和绿色食品生产企业，为开展休闲采摘、美食养生、农耕体验、亲子教育等康养旅游活动提供了区位优势。

（二）人文类康养旅游资源

1. 医药养生文化资源

桂林市地处中原与岭南、东部与西部的结合部，不仅林木繁茂、河流纵横，物种丰富多样，也是壮、苗、瑶、侗等少数民族世居地区。特殊的自然环境和人文环境造就了桂林市拥有丰富多样的民族医药养生文化资源。例如：汉、壮、苗、瑶、侗、回等众多民族传统中医药文化、历史、风情资源，特色鲜明、底蕴深厚；壮医、瑶医在经筋推拿术、药线点灸法、药物竹罐、药浴、接骨正位、术后康复等方面特色突出。桂林市拥有众多品种药材，其中天然药物资源就有近4000种，占到《中华人民共和国药典》规范的中药材总数的69%；地方特有中药材125种，包括厚朴、杜仲、黄柏、罗汉果、金银花、佛手、桔梗、葛根、菊花等；中成药有灵芝干品、灵芝孢粉、灵芝胶囊等产品；各种中医药产业园、孵化基地以及医科院校等智力资源，包括大量传统中医药材、药市、产业基地（金银花种植基地、罗汉果种植基地等）以及医药公司（三金药业）等企业实体资源；此外，还有含人文景观的有雁山植物园、桂林中医药养生康体旅游街区、桂林山水博物馆等。

2. 食疗康养文化资源

饮食是维持人体生命活动的物质基础，是供给人体五脏六腑、四肢百骸的营养物质源泉。饮食在养生知识中占据着非常重要的位置，通过饮食进行养生是极具中国特色的养生方法。饮食养生主要是通过合理的饮食调配适度地补充营养，纠正脏腑阴阳之偏颇，从而预防各种疾病的产生，促进肌体健康、抗衰延寿。作为一座具有千年历史的文化名城，桂林市拥有着深厚且独具特色的传统饮食文化。桂林饮食文化既包括了以桂林当地气候及地方物产为基础的岭南饮食文化，比如桂林米粉文化；又包括了大桂林地区的民间民俗饮食文化，比如桂江船家饮食文化；同时，还融合了桂林少数民族地区的饮食文化，比如恭城瑶族油茶文化；以及与外来移民融合的饮食文化，比如桂林回族饮食文化（临桂回族板鸭）。桂林的这些宝贵饮食文化蕴含着丰富的养生之道，例如恭城瑶族油茶在饮食养生方面有独特功效。饭前喝油茶能够刺激胃酸分泌、增进食欲；油茶中的生姜有散寒发汗、止咳化痰、和胃止呕等多种功效，含有一种类似水杨酸的化合物，相当于血液的稀释剂和抗凝剂，对降血脂、降血压、预防心肌梗死有辅助作用[8]。

三 当前桂林市康养旅游产业开发模式

（一）基于农业资源的康养旅游开发模式

基于农业资源的康养旅游开发模式是指依托当地健康农业与养生农业（有机农产品）等开发一系列康养旅游活动，即在传统农业如粮食、果蔬、渔业等的基础上，逐步打造或延长特色农业产业链，强化"农康旅"产业的综合化开发，促进农业与康养旅游相结合。基于农业资源的康养旅游开发模式最典型的做法就是打造田园综合体和特色小镇。目前，桂林市田园综合体比较成功的代表性案例是恭城瑶族自治县红岩村。红岩村位于广西桂林恭城瑶族自治县莲花镇，距桂林市108公里，是一个集山水风光游览、田园农耕体验、住宿、餐饮、休闲和会议商务观光等多功能于一体的生态农业康养旅游新村。另外，还有一个比较有代表性的案例是桂林市正在打造的恭城油茶小镇项目，主要依托恭城地方特色美食"油茶"，也是广西壮族自治区级非物质文化遗产，推进恭城油茶文化与旅游产业融合发展，是恭城生态农业与康养旅游融合发展的重要平台。

（二）基于中医药资源的康养旅游开发模式

基于中医药资源的康养旅游开发模式是指以当地源远流长的"药文化"、丰富的中草药材资源和旅游资源为基础，把康养旅游和中医药结合起来，形成了一种新型的旅游形式。旅游者通过此类康养旅游项目可以观赏中医药景观，认识中医药保健价值，参与中医药制作过程，开展中医药调理疗养等活动，感受中医药文化，学习养身养心学知识。目前，桂林市基于中医药资源的康养旅游开发模式应用比较成功的项目是恭城县的"瑶汉养寿城"。"瑶汉养寿城"按照国家4A级旅游景区标准规划、建设和管理，重点体现了民族医药文化元素、健康长寿元素，在本地瑶医特色基础上，融合科学中医（筋膜学）、特色中医、15个少数民族中医大师传承工作室、优秀民间特色医疗资源，集聚健康检测、健康管理、特色养生，创新形成了集民族医疗、健康服务、康复疗养、养生度假等功能于一体，实现了内部所有的建筑与景观园林有机结合，满足了旅游者对健康养生、修身养性等多元化需求。

（三）基于医疗器械资源的康养旅游开发模式

基于医疗器械资源的康养旅游开发模式主要是指基于当地的中医药资源发展医疗器械产业，为到访此地的康养者提供医疗服务。某种程度而言，一个地区康养医疗器械产业集群的态势决定了一个地区的康养旅游服务与发展保障水平。桂林市依托丰富的中药材资源和国家高新技术产业开发区平台优势，已开始形成以化学原料药、生物和中药制药、医疗器械研发、植物功能成分提取等为重点的行业集群，建立了较健全的医疗器械制造优势，为桂林康养旅游产业发展提供了强有力的支撑。目前,桂林市基于医疗器械资源的康养旅游开发模式比较成功的案例是桂林市啄木鸟医疗器械有限公司,该公司专注于齿科医疗器械的研发、生产、销售、服务,是全球闻名的高新技术型企业。

(四)基于温泉资源的康养旅游开发模式

泡温泉不仅是一种休闲娱乐活动,还具有保健和疗养功能。除了温泉富含的矿物质可调节人体皮脂分泌、改善皮肤色组织、缓解皮肤瘙痒等症状外,人们在泡温泉时,温泉水的浮力、压力和温度会加快人体的血液循环并向心回流,有利于身体健康。温泉的独特保健功能,正好迎合了现代人的康养旅游消费需求。全国各省公布的康养旅游示范基地里有不少温泉康养基地。目前,桂林市基于温泉资源开发成功且有代表性的康养旅游案例是龙胜温泉。龙胜温泉坐落在自然风光优美的龙胜温泉国家级森林公园内,处于两座青山之间,地势陡险,周边植被茂盛、古树参天,是以沐浴温泉和森林景观、民族风情为特色,以SPA为核心,集疗养、休闲、健身、观光、度假、娱乐、科考、徒步、美食于一体的综合型康养旅游度假区。龙胜温泉通过巧妙地运用当地民族特色的建筑风格形式,采用造山、理水等园林手法将旅游服务设施与自然景观完美结合,很好地满足了旅游者"回归大自然、享受大自然"的康养需求。

(五)基于山地资源的康养旅游开发模式

基于山地资源的康养旅游开发模式主要是针对户外运动爱好者以及静心养性者呈现动静的形态,依托当地的山地资源优势,开展登山、攀岩、徒步、漂流、户外生存、山地赛车以及户外瑜伽、禅修活动等。正如前文所述,桂林市山地资源优势突出,拥有发展山地户外运动得天独厚的地理资源,山清、水秀、洞奇、石美、气候温和,为开展户外康养旅游活动提供了广阔的发展空间。近年来，桂林市已逐渐发展成为户外运动者的天堂，并举办过多项体育赛事。桂林国际马拉松赛、阳朔国际山地越野赛、阳朔国际攀岩公开赛等一系列重大赛事，吸引了众多中外运动爱好者前来参赛和旅游，推动了桂林市"体育+旅游+养生+文化"等产业融合发展。目前桂林市基于山地资源的康养旅游开发模式成功案例是阳朔县。近些年阳朔县利用得天独厚的自然环境条件，积极推动旅游产业与体育事业快速融合发展，日益彰显出阳朔县户外运动天堂的无限魅力。目前阳朔县已开展了徒步、攀岩、骑行、露营、皮划艇等20多种户外运动，而且成立了自行车协会、跑步协会、攀岩协会等多个民间运动协会组织。阳朔县户外运动项目不仅在山上、水上、陆上全面开花，还正在向低空飞行迈进，实现了全方位、多层次、立体化的发展布局，满足了不同康养旅游者的多样户外运动需求。

四　当前桂林市康养旅游产业发展存在的问题

（一）康养旅游产业初具规模，但产业体系尚不成熟

康养旅游产业属于战略性新兴产业，是健康服务和旅游融合发展的新业态。虽然近些年桂林市政府非常重视康养旅游产业发展，制定了康养旅游发展规划和出台了一系列促进康养旅游发展的政策和文件，并取得了一定发展成效，但从桂林市整体市场来看，大多数康养旅游项目仍处于规划、投资建设阶段，进入稳定运营阶段的康养旅游项目屈指可数，且呈现开发碎片化特征，未真正实现产业深度融合，很少有规模以上康养龙头企业，更没有全国知名的康养旅游品牌。另外，由于缺乏康养旅游产品质量标准、行业服务规范，

且管理体制也不健全,桂林市现已运营的康养旅游产品和服务质量参差不齐。

(二)康养旅游内涵认识不到位,康养资源挖掘不够深入

由于"康养旅游"发展时间较短,且国内外学术界均未形成统一定义,人们对康养旅游的认知度还存在不足。特别是业界,企业经营主体对康养旅游内涵认识不到位,导致康养旅游产品与一般旅游产品差别不大,康养功能不明显,也容易出现康养旅游资源挖掘不够深入的现象。近年来,随着《桂林市健康旅游产业发展规划(2017~2025年)》《桂林市打造一流康养旅游品牌工作方案》等一系列政策文件的出台,桂林市各区县掀起了一股康养旅游投资热潮,吸引着无数企业入驻的同时,也带来了过于急功近利的问题。例如有一些企业存在打着康养旅游的旗号进行圈地,却不提供具有康养价值的旅游产品,实则是在变相发展房地产市场。还有一些企业完全忽略康养旅游产品中旅游活动与养生匹配度,导致很多康养旅游活动实现不了保健和疗养价值。如果这些现象或问题得不到及时治理,未来将会给桂林市康养旅游产业的可持续发展埋下隐患。此外,正如前文所述,桂林市拥有丰富多样的康养旅游资源,但仍有很多康养资源未得到有关投资企业的充分开发与利用,例如溶洞资源、森林植被资源。国外理论研究和实践经验都表明,洞穴医疗是将洞穴作为特殊医疗活动场所的一种新兴的医疗方式,是人类利用洞穴资源的新形式,具有广阔的洞穴康养开发前景[9]。从目前桂林市溶洞旅游开发现状来看,绝大多数溶洞只开发了静态的展示性旅游产品,以观光旅游为主,具有康养价值的活动和项目开发比较鲜见。

(三)康养旅游人才需求庞大,但复合型人才供给不足

作为融合大健康和旅游两个产业的复合型产业,康养旅游需要兼

具康体、医疗、旅游、规划等专业知识的复合型人才。特别是康养旅游企业的高级管理人员，既需要掌握一定的医疗保健、康养护理等专业知识，又要懂得旅游经营与管理方面的知识。虽然目前桂林市康养旅游产业已经展现了强大的发展势头和潜力，但专业化、标准化、职业化的康养旅游复合型人才队伍匮乏，特别是既懂得康体保健知识又掌握旅游企业管理的复合型人才、康养旅游产品研发等高层次人才供需矛盾突出。笔者在桂林市实地调研发现，当前桂林市有些康养旅游企业从业人员对其提供的产品保健和治疗功能还解释不清楚。复合型的康养旅游人才短缺已成为制约桂林市康养旅游产业发展的主要痛点。

（四）康养旅游宣传力度不够，品牌效应未显现

康养旅游产业作为一种新兴业态，由于受到国家有关政策文件的引导和旅游消费市场的刺激，全国各地都在积极发展康养旅游产业。桂林市属于国内较早提出发展康养旅游产业的城市，同时也入选了国家首批13家健康旅游示范基地之一，但桂林市康养旅游产业仍处于初步发展阶段，个性化康养旅游融合发展服务和产品供给能力不足，且整体缺乏活力和效率。从近年来旅游消费情况来看，桂林市康养旅游在国内外市场认可度方面仍不够高，品牌建设方面尚不成熟，吸引国内外旅游者来桂林市进行康养活动的能力还很有限。因此，桂林市在康养旅游产业发展方面还需要加大市场营销推广，打造有本地特色的康养旅游产品，进一步刺激目标客源市场的医药、健康、长寿、养老等康养旅游消费需求。

五　桂林市康养旅游产业未来发展创新路径

（一）迎合消费市场需求，打造多层次康养旅游产品体系

正如前文所述，目前桂林市康养旅游产业初具规模，但产品种类

还比较单一，产业体系尚不成熟。随着全国康养旅游市场不断发展，消费者对康养旅游的需求也会变得多元化。桂林市当前泡温泉、特色饮食、采摘绿色农产品、中医药养生等活动的康养旅游形式将会越来越难以满足消费者对产品丰富度的要求。因此，建议桂林市根据康养旅游的内在价值以及康养活动人群的自身特点、需求动机，不断挖掘桂林市各区县自然类和人文类康养资源优势，不断拓展康养旅游服务领域，形成自主创新能力强的新型旅游产业，并将目标客源市场进行细分，针对不同消费人群开发出不同层次康养旅游产品（核心产品、辅助产品和附加产品等），完善桂林市康养旅游产品体系。

（二）加强复合型人才培养，提升康养旅游产业融合力度

为了应对前文提到的桂林市康养旅游人才供给不足问题，同时也为了加快桂林市旅游业成功转型，促进全市康养旅游产业持续地发展，桂林市全面加强康养旅游人才的引进、培养及孵化工作势在必行、迫在眉睫。笔者建议桂林市重视人才的引进工作和科学合理地培养本土人才资源，使之与当前全市康养旅游产业的实际发展需要相匹配，与未来发展相适应。首先，结合桂林市康养旅游产业发展主线，结合具体康养旅游项目需要，制定优势人才政策，有针对性、目的性地面向全球引进一批有丰富工作经验的康养旅游人才。其次，依托桂林旅游学院和桂林医学院等高校资源，设立专门从事康养旅游理论研究、应用型人才培养的专业院系，或通过双学位、主辅修、微学位等模式协同培养既懂旅游管理、市场营销又懂康养的复合型人才。再次，通过定期或不定期的在岗培训教育方式分批对桂林市康养旅游企业在职人员进行职业技能培训和综合素质提升，挖掘在职人员潜能，逐步培训素质过硬的从业人员。

（三）加快创新发展机制，探索康养旅游发展新理念和新模式

从目前国内外旅游市场来看，康养旅游发展模式很丰富。康养旅游与第一产业融合形成乡村康养旅游、森林康养旅游等；康养旅游与第二产业融合形成康养旅游地产、工业康养旅游、康养旅游相关装备制造等；康养旅游与第三产业融合形成文化康养旅游、运动康养旅游、食疗餐厅等体系。如前文所述，桂林市目前康养旅游产业开发模式非常传统，很难持续地满足日新月异旅游市场康养需求，因此，桂林市康养旅游产业需要在战略思维、经营理念和开发模式上不断创新。首先，桂林市要加强现有康养旅游开发模式中产业融合力度，鼓励不同经营方式、不同经营机构的存在，促进形成完善的康养旅游产业战略，拉长产业链并实现产业的规模化发展。其次，桂林市应借鉴国内外康养旅游发展经验，深挖本地康养资源，推动健康旅游产业与区域内一二三产业的深度融合，形成新的康养旅游开发模式，不断拓展康养旅游服务领域，丰富康养旅游产品和服务形式。例如桂林市区域内溶洞资源可以开发养生酒店、溶洞温泉、溶洞医疗保健（瑜伽）等康养旅游业态。

（四）塑造康养旅游品牌，增强桂林市IP知名度和影响力

塑造品牌是提升旅游产品核心竞争力的一项重要举措。通过旅游产品品牌影响力可增加目的地的吸引力和游客对于旅游目的地的认可度。虽然目前桂林市康养旅游项目在各区县快速推进，显现出一片热火朝天的景象，但是还没有全国知名的康养旅游品牌，也没有规模以上康养旅游龙头企业和一批特色鲜明、种类多样的康养旅游场所。鉴于此，建议桂林市重视康养旅游品牌培育工作，通过整合区域内优质康养旅游资源，提炼出具有鲜明代表性的IP，并培育一批康养旅游

品牌线路和消费热点，推动桂林市康养旅游产业向规模化、品牌化方向发展。同时也要重视宣传工作，改变大众旅游市场对桂林市只有"山水观光产品"的刻板形象。利用网络、报纸、电视、广播、杂志等媒体的宣传效应，特别需要重视近些年兴起的"今日头条""抖音"等视频直播新媒体平台，加大对桂林市康养旅游的宣传投入，扩大桂林市康养旅游IP在全国旅游市场的知名度和影响力。

注　释

[1] 戴金霞：《常州市康养旅游产品开发与产业发展对策研究》，南京师范大学，2017。

[2] 何莽：《中国康养产业发展报告》，社会科学文献出版社，2020。

[3] 文仆：《桂林市乡村旅游产业智慧化发展评价及指数研究》，《中国农业资源与区划》2018年第10期，第241~245页。

[4] 唐桂黔：《体育旅游在桂林健康旅游中的地位与任务探析》，《运动精品》2018年第9期，第55~56页。

[5] 桂林市生态环境保护局：《2019年桂林市生态环境状况公报》，《桂林日报》2020年6月5日。

[6] 龚克：《桂林喀斯特区生态旅游资源评价与开发战略管理研究》，中国地质大学（北京），2012。

[7] 李天雪、蓝振兴：《"医养结合"背景下桂林康养旅游发展路径研究》，《桂林师范高等专科学校学报》2018年第4期，第38~42页。

[8] 邓小强、谢永顺、李文化等：《桂林不止有山水，还有恭城油茶》，《中国食品》2020年第16期，第140~141页。

[9] 李溪、杨晓霞、向旭等：《国外洞穴医疗研究综述》，《中国岩溶》2014年第3期，第379~385页。

基于 PEST – SWOT 分析的康养运动休闲小镇发展对策研究

陈元　金媛媛*

康养运动休闲小镇是在全面建成小康社会进程中，促进全民健身，助力乡村振兴和健康中国建设，满足老龄化社会和人们向往的更加健康的美好生活的需求下产生的，既能将养生环境、养生运动项目、养生服务及养生居住等方方面面"穿针引线"式地"串"起来，又能如"黄金搭档"般将它们一个个"融"进去，还能通过其强大的平台进行展示和传播。目前康养运动休闲小镇已初具规模，处于发展关键期，未来可持续性发展的潜力和发展过程的重重阻碍都是必然的。本文采取 PEST – SWOT 分析法，拟解决康养运动休闲小镇以下两个问题：（1）分析并评估康养类各运动休闲小镇所面临的发展环境现状；（2）针对康养运动休闲小镇的发展环境，提出可行性的发展对策。

一　PEST – SWOT 分析法

PEST – SWOT 研究方法是企业战略中较为常用的战略分析方法。其中 PEST 分析是站在自身的角度来观察外部宏观环境的基本工具，通过对政治法律、经济、社会和技术四个维度进行分析，探究外部宏观的环境对企业发展的影响。而 SWOT 分析是站在自己的

---

* 陈元，首都体育学院硕士研究生，研究方向为体育旅游；金媛媛，博士，首都体育学院休闲与社会体育学院副教授、硕士生导师，研究方向为体育旅游、体育产业。

立场聚焦自己的各种要素与对应策略，通过对于内部优势、内部劣势、外部机会和外部威胁进行综合分析，最终形成企业发展的最佳策略。

本研究通过 PEST - SWOT 分析，探究康养运动休闲小镇的外部环境形势以及影响其发展的内部因素，在此基础上，构建 PEST - SWOT 矩阵，进而提出康养运动休闲小镇发展的对策。

二 康养运动休闲小镇

范文成以《旅游资源分类、调查与评价》（GB/T 18972 - 2003）分类为基础，综合不同学者观点，结合 96 个运动休闲小镇的特殊产业类型，根据类型的不同，将其分为产业型、体验型、体育赛事型、康体型[1]。本研究调查对象为 7 个康体型运动休闲小镇，笔者将其简称为"康养运动休闲小镇"（见表 1），是以具有独特的康养功能的天然资源为基础，建设以康体、养生等为特色的体育产业与相关产业融合发展的集聚区，相较于休闲型体育小镇，其运动项目具有低运动量、低运动频率、低风险的特征，更加注重康体、养生、养心、养颜等方面的功能，且以中产阶级为消费主力，虽然受众基数较小，但消费频率及消费总额较高[2]。

表 1 康养运动休闲小镇

省市	小镇名称
重庆	渝北区际华园体育温泉小镇
	南川区太平场镇运动休闲小镇
江西	九江市庐山西海射击温泉康养运动休闲小镇
山东	即墨区温泉田横运动休闲小镇

续表

省市	小镇名称
安徽	九华山运动休闲小镇
	天堂寨大象传统运动养生小镇
吉林	梅河口市进化镇中医药健康旅游特色小镇

三 康养运动休闲小镇发展的 PEST-SWOT 分析

（一）P-SWOT 分析

1. P-S

近年来，在国家相关部委陆续出台的一系列政策文件的推动和扶持下，运动休闲小镇异军突起，成为近年地方政府和学界关注的重点，再加上社会资本与资源的活跃导入，运动休闲小镇有望成为中国经济转型的新价值风口。2016年《关于开展特色小镇培育工作的通知》，到2020年提出建设1000个左右各具特色、富有活力的特色小镇，引领带动全国乡村城镇建设和发展[3]。2017年5月国家体育总局发布了《关于推动运动休闲小镇建设工作的通知》，标志着我国"体育+"特色小镇的建设工作正式启动。2018年3月，《国家发展改革委关于实施2018年推进新型城镇化建设重点任务的通知》中指出要对已经公布的96个体育特色小镇开展定期测评优胜劣汰，严格控制特色小镇的数量和质量[4]。地方政府紧跟政策要求，相继启动了实施意见的研制和落地工作，为区域体育产业的快速发展提供了有力支撑。在政策的引导下，运动休闲小镇发展得到了充分延伸和发展，为建设康养运动休闲小镇创造了良好的政策大环境和优势。

2. P-W

康养运动休闲小镇是新时代中国特色社会主义发展的必然产物，具有鲜明的时代特色，是在"体育+"、"特色小镇"和"产业融合"三个概念基础上，为解决"乡村振兴"、"人口老龄化"、"健康中国战略"和"体育强国战略"等问题应运而生[5]。现阶段地方政府关于康养运动休闲小镇的规划仅仅停留在"宏观"层面，缺乏下维政策的制定，未能结合发展实际把控其与规划的出入，完善其建设过程中的不足。

3. P-O

2016年10月国务院发布《"健康中国2030"规划纲要》，指出应积极推进健康中国建设，发展健康产业，推行健康文明的生活方式，营造绿色安全的健康环境[6]。2018年中央政府在《中共中央国务院关于实施乡村振兴战略的意见》《国家乡村振兴战略规划（2018～2022年)》等一系列文件中进一步确立了实施乡村振兴战略的目标，坚持以农民为主体，推进农业农村的现代化发展，实现乡村全面振兴。2019年8月《体育强国建设纲要》提出"稳步推进运动休闲小镇建设，开展定期测评，实行动态调整，打造10个具有示范意义的小镇样板"，这为推进新时代运动休闲小镇建设坚定了信心、指明了方向、明确了目标[7]。2019年9月《国务院办公厅关于促进全民健身和体育消费推动体育产业高质量发展的意见》提出了促进区域特色体育产业发展，鼓励体旅、体医融合，建设体育服务综合体等，为运动休闲小镇努力开创了发展的新局面[8]。"健康中国""乡村振兴""体育强国"等，都为建设康养运动休闲小镇发展提供了难得的政策机遇。

4. P-T

康养运动休闲小镇发展处于发展关键期，但其所处地方目前均未出台相关的法律法规指导及规范，在一定程度上制约了康养运动休闲小镇的可持续发展。

（二）E-SWOT

1. E-S

运动休闲小镇具有建设周期长、资金需求大、系统风险高和投资回报慢等特点，光靠国家和地方的财政扶持，只会造成巨额的财政赤字和借贷风险，而现行的政企合作（PPP）模式具有的"一石三鸟"的优势，解决了小镇的经济困境。对政府而言，不仅能充分发挥市场在技术、资金、管理等方面的优势，最大化地获得小镇社会效益与经济效益双赢的局面，还能分散大部分的建设与运作风险[9]。对企业而言，国家政策、资金和措施不断倾斜还给社会资本以稳定的投资回报和良好的运作环境。对当地运动休闲小镇而言，在保护小镇原有自然生态环境或传统人文特色的同时，打造小镇品牌，提高建设速度。例如，山东即墨"牵手"海尔，签订《即墨温泉田横运动休闲小镇框架合作协议》，预计投资300亿元，涵盖体育赛事、全民健身、教育培训、演艺、养老大健康、全域旅游等多个业务板块的世界级体育运动休闲项目，为打造世界级的温泉田横运动休闲小镇提供了强大的经济支撑[10]。

此外，康养运动休闲小镇另一大经济环境优势是便捷的交通。康养运动休闲小镇的设立很大一部分原因就是其处在城市偏远区，具有独特的自然人文特色，能满足人们运动、养生、旅游和休闲的需求。尽管如此，康养运动休闲小镇可进入性良好，交通设施完善，或具有公路或航道、航线直达，或具有旅游专线交通工具，给其对外发展提供了可能。例如梅河口市进化镇中医药健康旅游特色小镇，有通梅一级公路贯穿全镇南北，镇内还有谢家火车站，具有得天独厚的交通优势[11]。

2. E-W

据统计资料显示，康养小镇PPP融资项目有投资回收期长和利润水平不高的特点，即主要投资回报率多数低于8%，并受日趋激烈的市场竞争影响可能被持续拉低回报率，最终可能使得部分项目的实际收益率徘徊在6%以下[12]。另外，我国康养运动休闲小镇缺乏经验和创新，在产业融合方面，存在着"+体育""+康养"而非"体育+""康养+"的尴尬局面。例如梅河口市进化镇中医药健康旅游特色小镇主打中医药健康旅游，但其内容却是以中医药种植为支点，包含养生、养老和休闲等产业因素，缺少体育元素，背离以体育为核心的"体育+"。最后，运动休闲小镇设施建设、空间布局涉及土地使用、社会资本分配等问题，与当地居民、社会组织、企业等的利益相关，利益纠纷问题时有发生[13]。

3. E-O

2020年最新数据显示，中国人均可支配收入达到3.22万元，人均GDP跑进了1.05万美元，达到初步发达国家水平，国民除去工作和睡觉，每人每天平均休闲时间为2.42小时，由此可见，我国已悄然进入休闲时代，人们有钱、有闲，更加向往健康的美好生活，更加追求自我价值的实现。在这个过程中，发展特色小镇成为各地发展旅游休闲产业的普遍抓手，也成为站在政策风口、资本风口上的那只"猪"[14]。同时，随着供给侧结构性改革的大力实施，体育产业迎来春天，其在第三产业中占比攀升，运动休闲小镇激发我国体育产业2.0蓝海市场。

4. E-T

新冠肺炎疫情给予了中国经济一次沉重打击，体育旅游作为体育产业和旅游产业深度融合的新兴产业业态也未能免受其难。国人居家隔离，减少外出，导致体育旅游业遭受严重冲击，不少中小微体育企业破产倒闭，运动休闲小镇处在暂缓建设和关门停业状态，严重影响了其健康的持续发展。

（三）S-SWOT

1. S-S

康养运动休闲小镇因其具有显著的自然与人文资源优势、康养医美功能明确以及体育产业优势等特点（见表2），能满足养生人群、亚健康人群、中老年人群等需求，营造一种全新的健康生活方式，在自然优美之地，享受有针对性的、完善的健康硬件配套设施及健康服务，得到康体健身、愉悦身心的体验[15]。

表2　康养运动休闲小镇优势特点

小镇名称	自然资源	人文资源	康养医美功能	体育产业
渝北区际华园体育温泉小镇	矿产资源（温泉）	世界500强际华集团投资；极限运动基地（室内跳伞、室内冲浪、室内攀岩、冰雪运动）、冰雪旅游综合体和智慧科技体验中心	极限运动体验；娱乐休闲	采取"1+X"的商业模式，以"体育"为核心，融合了旅游、健康、文化、时尚、娱乐、赛事等多种功能，打造具有独特体育文化内涵的目的地中心
南川区太平场镇运动休闲小镇	森林资源（森林越野主题公园）；农业资源（养殖、种植基地）	重庆市级文物保护单位（古廊桥、五星园等）；体旅资源（全民运动会、汽车越野赛、摩托车、自行车越野运动赛）；通用航空机场	运动健身；生态养老；养生旅游	"体育+旅游""体育+教育培训"，集养生休闲于一体的全产业链运营模式的全国运动休闲小镇
九江市庐山西海射击温泉康养运动休闲小镇	水资源（水坝）；森林资源（庐山西海风景名胜区）；矿产资源（温泉）	历史文化遗址和非物质文化遗产（长寿村、魏源墓、雷公洞和老牛灯）；体育运动基地（飞碟射击训练竞赛场地、西海温泉瑜伽基地）	康体养生；观光休闲	集飞碟射击、游泳、羽毛球、乒乓球、健身运动、水上乐园、瑜伽、太极养生和户外拓展等多种运动于一体，并融合温泉养生、娱乐休闲、酒店服务、园林景观、康体养生等多种元素的运动休闲主题

续表

小镇名称	自然资源	人文资源	康养医美功能	体育产业
即墨区温泉田横运动休闲小镇	矿产资源（温泉）	海尔集团投资合作；体育运动基地（野外拓展、高空滑翔基地、山地极限、帆船游艇等）；高新科技园等	康体养生；运动健身；娱乐休闲	体育赛事、全民健身、教育培训、演艺、养老大健康、全域旅游等多个业务板块
九华山运动休闲小镇	土地资源	体旅资源（由九华山投资开发集团投资；健身气功、老年人体育健身、传统武术等）	康体养生；健身旅游；康乐养老	集户外运动、休闲度假、旅游观光、养生保健、文化传承于一体的综合性运动休闲小镇
天堂寨大象传统运动养生小镇	森林资源；土地资源；植物资源；气象资源；农业资源	历史文化遗址和非物质文化遗产（古寨、古民居等）；体旅资源（气功）	康体养生；观光休闲	以健康赛事、健康管理、康复理疗、健康食品为目的的传统运动养生小镇
梅河口市进化镇中医药健康旅游特色小镇	植物资源（北五味子、刺五加、果腺肋花楸等特色中药）；农业资源；水资源（碱水水库）	恒硕集团投资合作；体旅资源（冰雪等）	娱乐休闲；生态养老	集健康疗养、社区养老、医疗美容、生态旅游、文化体验、休闲度假、体育运动等于一体的中医药健康旅游综合体

2. S‐W

康养运动休闲小镇在其建设发展过程中因其资源禀赋、区位和自然环境等条件的差异和发展目标的不同形成了自己的特色，但总体上都是将运动、健康、养生和旅游等因素简单组合,未能深耕挖掘各元素之间的联系,缺乏对其进行有效融合和创新,造成小镇有特色没品牌,产品和服务更是缺乏卖点。

3. S-O

随着经济快速发展和人们生活水平的不断提高,国民对于健康和身体素质的提升需求不断增强,同时我国将步入老龄化社会,老龄化问题日益加剧,特别是在新冠肺炎疫情影响下,人们对健康服务需求从传统的疾病治疗加速转向了疾病预防、保健养生和提高身体免疫机能,这些都为康养旅游提供了巨大的市场。从2019年统计的数据表明,目前我国,70%的人处于亚健康状态,15%的人处于疾病状态,7%为六十岁以上的老年人口。另外康养旅游的需求主体还包括1.09亿的中产阶级中的追求高品质生活健康的人群[16]。据统计,中国人均健康支出不足美国的5%,距离全球人均健康支出差距更大,仅为1/5,可见,中国大健康产业发展潜力巨大,康养旅游将迎来黄金发展时期,作为其载体的康养运动休闲小镇将迎来前所未有的发展机遇。

4. S-T

康养运动休闲小镇在康养小镇和其他运动休闲小镇的双重挤压下,造成了生存空间有限,难以吸引大量跨区域旅客。

(四)T-SWOT

1. T-S

现在人类进入了网络信息时代,广泛应用互联网、物联网、数据技术、人工智能技术等新一代设施设备和电子信息技术,不仅提升了康养运动休闲小镇的线上、线下营销水平和服务能力,还通过引入先进的、一流的设备,给小镇的现代化发展增添了浓墨重彩的一笔[17]。

2. T - W

尽管康养运动休闲采用了新型的社媒营销推广手段，在微博、微信公众号、网站等媒体和各分享类 App 中进行多方面的宣传，但其未能做到有效传播和快速更新[17]。一方面，小镇在运营中还不能实现同互联网交互平台的合作，难以找到目标客户和通过已消费客户的互动和反馈吸引潜在客户。另一方面，目前通过互联网查询康养运动休闲小镇其内容仅停留在简单描述和广告介绍层面，建设运营资讯还存在更新不及时等问题。

3. T - O

当前，我国已涌现出一批可提供借鉴的精品小镇，例如 2018 年评选的 8 个最佳运动休闲小镇，以及 2020 年中国评选出的康养小镇标杆项目 Top10，都给康养运动休闲小镇发展树立了榜样，在给予其经验借鉴的同时，为其发展再添一把火。

4. T - T

运动休闲小镇的发展需要高效专业的运营管理，这就需要一大批富有实操经验、专业能力过硬的人才和团队，但现如今从高校出来的高素质体育产业人才缺乏实操经验和锻炼，具有一定经验和能力的专家难以聘请，团队组合水平参差不齐，人才资源和人力资源匮乏，阻碍了小镇健康长久的发展。

四 康养运动休闲小镇发展的 PEST - SWOT 矩阵及发展对策

（一）康养运动休闲小镇发展的 PEST - SWOT 矩阵

基于 PEST - SWOT 分析对康养运动休闲小镇的发展进行研究，构建的矩阵见图 1。

```
          P-SWOT                              E-SWOT

①国家各部委出台一系列政策支持运动休闲     ①政企合作（PPP）模式具有"一石三鸟"
小镇发展②政策仅停留在"宏观"层面，缺     的优势；交通便捷，利于小镇对外发展②项
乏下维政策制定③"健康中国""乡村振兴"     目投资回报率和实际收益不高；产业融合
"体育强国"国家战略营造良好政策背景④缺     存在着"+体育""+康养"而非"体育+"
乏地方相关法律法规指导及规范小镇建设发展   "康养+"的尴尬局面③体育产业在第三产
                                           业中占比攀升④新冠肺炎疫情严重冲击体
                                           育旅游业

①具有显著的自然与人文资源优势，康养医     ①互联网、物联网、数据技术、人工智能
美功能明确以及体育产业优势等特点②缺乏     技术等新一代设施设备和电子信息技术的
对要素的有效融合和创新，造成小镇有特色     广泛应用和先进、一流设备的引进②社媒
没品牌，产品和服务缺乏卖点③康养旅游将     营销推广未能做到有效传播和快速更新
迎来黄金发展时期，为小镇迎来良好发展机     ③标杆小镇引领④人才资源和人力资源匮乏
遇④康养小镇和其他运动休闲小镇对其双重
挤压，造成生存空间有限，难以吸引大量跨
区域旅客

          S-SWOT                              T-SWOT
```

图 1　康养运动休闲小镇发展的 PEST – SWOT 矩阵

（二）基于 PEST – SWOT 矩阵提出康养运动休闲小镇发展对策

通过 PEST – SWOT 矩阵分析和"发挥优势，克服劣势，利用机遇，化解威胁；考虑过去，立足当前，着眼未来"的战略制定原则组合的 SO、ST、WO 和 WT 四种发展策略，针对康养运动休闲小镇发展困境可扬长避短。

首先，在内部条件良好和外部环境利好的形势下（SO），康养运动休闲小镇要充分利用其显著的自然与人文资源环境、交通便利条件，PPP 模式红利以及科技助推等优势和条件。在国家政策和战略营造的良好大背景下，聚集康体、养生、养心、养颜等方面功能，搭乘康养旅游快车，积极拓展使用社媒营销，吸引、培养和引进大量高素质专业人才，对运动、健康、养生和旅游等因素进行有效融合及创

新，满足养生人群、亚健康人群、中老年人群等需求，在打造好特色小镇、吸引外来游客的同时，不忘给当地造福，保证康养运动休闲小镇的可持续发展。

其次，针对 ST 策略。康养运动休闲小镇具有自身优势条件，能抵抗外部环境对其的施压和破坏，但这也离不开康养运动休闲小镇依靠政策、高素质体育人才"外援"和借鉴国内外小镇建设发展经验与教训，实现自我完善和突破。

再次，面对 WO 策略，康养运动休闲小镇应正视内外环境优势，积极化解威胁。康养运动休闲小镇因其有着国家的政策支持和近年来体育产业、大健康产业发展的利好，为其生存和发展提供了强大背景，但其内在发展仍存在着诸如：有特色没品牌、宣传不到位、利益纠纷、赢利不理想和产业融合出现偏差等问题，康养运动休闲小镇要充分利用其优势和条件，增强自身竞争能力，通过网络及移动终端等多元化的传播渠道深入并及时报道小镇资讯，平衡各方利益，创新开发模式，借鉴标杆小镇经验实现产业融合发展。

最后，针对诸多不利因素 WT 策略，康养运动休闲小镇的建设发展需要注意在其过程中及时纠错和大胆尝试、创新，面对外部环境的威胁，也要有从夹缝中求生存的魄力和能力。

参考文献

［1］范成文、刘晴、金育强、罗亮：《我国首批运动休闲特色小镇类型及其地理空间分布特征》，《首都体育学院学报》2020 年第 1 期，第 63~68、74 页。

［2］李柳、卢清华：《京津冀运动休闲特色小镇的发展路径研究》，《首都体育学院》2019 年第 5 期，第 3 页。

［3］《国家体育总局关于举办全国运动休闲小镇建设工作培训的通

知》，http：//qts. sport. gov. cn/n4986/c817782/content. html，2017 -8 -2。

［4］ 中华人民共和国国家发展改革委员会：《国家发展改革委关于实施2018 年推进新型城镇化建设重点任务的通知》，http：//ghs. ndrc. gov. cn/zcfg/201803/t20180313_ 879339，html，2018 -3 -13。

［5］ 李从容、张洁：《健康型运动休闲小镇PPP 模式探究》，《辽宁体育科技》2020 年第2 期，第12 ~17 页。

［6］ 中共中央国务院：《"健康中国 2030" 规划纲要》，2016 年10 月25 日。

［7］《国务院办公厅关于印发体育强国建设纲要的通知》，https：//baike. sogou. com/v183430565. htm? fromTitle 国务院办公厅关于印发体育强国建设纲要的通知，2019 年8 月10 日。

［8］《关于促进全民健身和体育消费推动体育产业高质量发展的意见》，https：//baike. sogou. com/v183715530. htm? fromTitle，2019 年9 月4 日。

［9］ 徐凯琴：《政企合作（PPP）模式下我国体育特色小镇建设的SWOT 分析》，《休闲》2019 年第4 期，第13 页。

［10］ 颜玉凤：《中国传统休闲观视角下运动休闲小镇建设的PEST 分析》，《文体用品与科技》2020 年第19 期，第24 ~26 页。

［11］ 黄锦忠：《体育运动市场网络平台创业计划书》，厦门大学，2013。

［12］ 陈颖、叶宁、罗兰芳：《健康中国视角下康养小镇发展路径探析》，《西南林业大学学报》（社会科学）2020 年第6 期，第73 ~76 页。

［13］ 胡健华、卢凌涛、刘龙飞：《基于SWOT - PEST 分析的广东省体育特色小镇发展策略研究》，《体育师友》2018 年第4 期，第65 ~67 页。

［14］ 南北财经：《休闲时代，特色小镇是风口也是抓手》，2017 年5 月23 日，https：//mp. weixin. qq. com/s/Ln6OY4PD53aMKBhYC2Z4gA。

［15］ 李柳、卢清华：《京津冀运动休闲小镇的发展路径研究》，中国体育科学学会：《第十一届全国体育科学大会论文摘要汇编》，

中国体育科学学会，2019，第3页。

［16］智研咨询集团：《2020～2026年中国康养旅游行业市场营销模式及投资规划分析报告》，2019年12月14日，https：//www.chyxx.com/research/201912/817990.html。

［17］王丽霞：《康养小镇开发建设途径研究》，《旅游纵览》（下半月）2019年第24期，第82～83页。

案 例 篇

南城县借力洞天福地麻姑山打造6G文化康养园探析

朱博 蔡占军 章永兰[*]

一 南城县康养旅游的历史背景及资源环境等条件解析

（一）地域特色

南城县隶属江西省抚州市，位于江西省中东部，是江西省抚州市下辖的一个县，抚州市中部，居盱江下游，是临川才子之乡的文化发源地之一。南城县属亚热带季风性湿润气候，四季分明，素有"鱼米之乡"之称，是全省第一批吨粮田，全省十大果业大县，全省重要的

---

[*] 朱博，博士，赣南师范大学教授，研究方向为农村发展；蔡占军，河北东方学院讲师，研究方向为数字文化旅游；章永兰，赣南师范大学硕士讲师，研究方向为高校行政管理。

水产大县,拥有有机水稻、麻姑鲜枣、麻姑米、麻姑酒、南丰蜜橘、蜜橘果醋、赣东黑猪、麻姑米粉、麻姑山枣糕等江西省重要的特色农产品。206国道、316国道、昌厦一级公路和G70福银、G35济广高速公路交汇贯穿,向莆铁路穿境而过,阜鹰汕铁路、吉武铁路与向莆铁路在南城接轨,形成了四通八达的交通网络。南城县有"三山两水两大库"的美景,武夷山余脉与芙蓉山之间分布有麻姑山、从姑山、毕姑山、盱江、黎滩河、洪门水库和廖坊水库,均为赣东南著名的旅游胜地,同时也是县域旅游、休闲、游学、养老的重要依托载体。

(二)历史文化背景

南城县属江右文化区域,建县于汉高祖5年(公元前202年),迄今已有2000多年的历史,是江西省建县最早的18个古县之一,因地处豫章郡之南,故称南城,素有"赣地名府、抚郡望县"之美称。

2000多年来,南城县培养了代代俊杰,孕育了长寿文化,其中最有名的当属唐宋八大家之一曾巩的老师盱江先生——李觏,北宋时期重要的哲学家、思想家、教育家、改革家。他博学通识,尤长于礼,不拘泥于汉、唐诸儒的旧说,敢于抒发己见,推理经义,为"一时儒宗"。为纪念李觏,南城县在原盱江书院附近的登高山中新建了盱江书院,并立有李觏汉白玉雕像。

罗汝芳,明中后期著名哲学家、教育家、文学家、诗人,泰州学派的代表人物,被誉为明末清初黄宗羲等启蒙思想家的先驱。他四处游访,考察社会,探究学问,并在从姑山创办"从姑山房",接收四方学子,从事讲学活动,后成为从姑山景点的重要文化探寻地之一。

"麻姑长寿文化"是南城文化的重要组成部分,历史上把"彭祖"当成中国男人的长寿仙,"麻姑"是中国传说中有名的女寿仙。据传,麻姑原是建昌(南城)人,后得道升天,掷米成丹,分给贫苦百姓。"掷米成丹"是大爱的象征,善良、美丽、长寿是南城人民的精神之魂、传统美德和文化传承。"麻姑献寿"是民俗画中最重要的题材之一,"麻姑献寿"是中国流传很广的神话传说。相传,农历三月初三,是住在昆仑山上的神仙西王母的寿辰。每当寿辰之日,她都要设蟠桃会宴请众仙。八方神仙、四海龙王、天上仙女都赶来为她祝寿。百花、牡丹、芍药、海棠四位花仙采集了各色鲜艳芬芳的花卉,邀请仙女麻姑和她们同往。麻姑用灵芝草酿成仙酒,带到蟠桃会,献给了西王母。因此,过去民间为妇女祝寿时,常常绘出"麻姑献寿"的图画相赠。

麻姑曾说她已经看见东海三次变为桑田,还说蓬莱水也浅于旧时的一半,将来还会变成陆地。沧海变成一次桑田,不知要经过多少个千万年,前者是科学的唯物主义观,后者是浪漫主义情怀,无论历史如何变迁,"麻姑"已成为南城人民的"图腾"。"沧海桑田"的成语就出于此。麻姑成为长寿的象征,是许多人慕名前来南城旅游、科考和研究南城文化的原因之一。

(三)经济与产业结构

南城县在经济上处于抚州市上游,在全省处于中下游,是全省六个省直管县之一。南城县是农业大县,一二三产业经济总量比为3.1∶4.4∶5.5,农业占的经济比重较高,但农业的产出与第二、第三产业之比逐渐在下降。过去传统的农业产业结构没有大的突破,依然以水稻、果树、水产业、养殖业为主,农民的收入主要来源于非农产业。第二产业中,农产品加工业、课桌产业、电子产业、中药产业、矿山水泥等方兴未艾。第三产业中,服务业、房地产业、商贸批发,尤其是电子商务也与国内一二线城市同步发展。

(四)康养旅游资源

目前,南城县规划开发的景区有麻姑山景区、麻岭下康养田园综合体、醉仙湖、祥岗山景区4个。

麻姑山景区：这里万木葱茏，鸟语花香，物产丰富，仙境依然，故《名山志》上说"中国有三十六洞天，七十二福地，分布在九州四海，唯独麻姑山，既有洞天，又有福地，秀出东南"。2018年，麻姑山景区被江西省旅发委评为4A级旅游景区。该景区涵盖仙坛胜境、麻源三谷、丹霞福地、竹海松涛和醉仙湖等五大景点。这里山峦秀丽，不仅有奇特壮观的飞瀑"玉练双飞"、千古流芳的"鲁公碑"，还有"半山亭""仙都观""神功泉""龙门桥""丹霞洞"等著名景点。鲁公碑，即被称为"天下第一楷书"的颜真卿《麻姑山仙坛记》碑，竖立在碑廊中央，它是我国书法历史上的一块丰碑。为将麻姑山打造成养生、休闲、度假胜地，中国长寿文化研究、交流、沟通中心，世界养生文化交流展示平台，保健养生食品和保健药品的生产基地，南城县对麻姑山进行了整体开发，目前，入景公路建设、入景门楼建设、麻姑雕像及广场建设、两条游步道及观瀑亭建设、双龙湖扩建工程建设、景云禅寺建设、游客中心至仙都观公路改造工程建设、麻姑山核心景区供水工程建设等十余项重点工程项目正在加紧建设之中。麻姑山景区已成为南城及周边县主要的节假日旅游目的地之一，每年的旅客接待量为50万人次左右。

麻岭下康养田园综合体：该综合体地处建昌镇庙前村、姚家巷村、黄家围村，距县城3公里，面积约3.4平方千米。麻岭下田园综合体主要涵盖麻港滨水景观区、休闲果蔬采摘区、特色农业推广区、标准大棚蔬菜种植区、中药材种植区、千亩荷塘观赏区及麻岭下秀美乡村旅游区等区域。每年春节前后，日接待旅客量均在2万人次以上，在春季的桃花节、各水果成熟的采摘季也能吸引数以万计的游客聚集此地赏花、摘果、游玩。

醉仙湖：即洪门水库。该水库为江西省第三大水库，距南城县城21千米，面积40余平方千米，总库容量12亿立方米，水域开阔，湖内岛屿 1000 余个，有近万亩丹霞地貌，湖区曾是西汉时期南城县治所在地硝石区。

祥岗山景区：该景区位于株良镇，景区面积 102 亩，主要有旌阳殿、大雄宝殿、六角亭和牌坊、门楼等。

（五）文化传承资源

1. 传统风俗

南城县的风俗，是江佑文化的一部分，也是临川文化的主要内容之一。南城古称建昌，明朝朱元璋两支后代先后封藩建昌府，又称"益王府"，其后世子孙均崇尚礼义，所以南城自古便有皇室传承的礼仪。南城县城与各乡镇又分别有不同的风俗与方言，真所谓十里不同天，三里不同俗，但南城的文化风俗依然是以麻姑文化为主构建的。传统的农耕文化以古代二十四节气和传统的中国节日为主轴，上下传承。南城县重大的节日包括，春节（过年）、上元节、清明节、中秋节、重阳节等，过年是南城人民最隆重的节日。近些年来，大量的村民已变成市民，村庄已变成小区，一些传统的风俗被新的生活方式替代，全县约有 5 万人以上成为"候鸟"。

2. 传统饮食

近年来，南城县充分利用悠久的"麻姑文化"品牌资源和生态环境资源优势，发展以麻姑米、麻姑粉、麻姑枣为主的生态农业，并形成了以米、酒、茶、枣、粉、桃为主的 6 大类、30 多个品种的麻姑品牌系列农产品，如江西麻姑实业集团、江西谷满沅食品、南城县麻沅食品、南城南沅米粉等公司生产的各种品类、规格的米粉；江西博君生态农业开发有限公司生产的果醋系列产品，株良镇程师傅手工辣酱，南城县胜华种养殖专业合作社的菌类干货以及龙湖镇的洪门鱼干、里塔镇米酒、蜂蜜、灌芯糖、新丰镇的手工红薯粉等都是深受省内外消费者欢迎的南城传统特色食品。

3."建昌帮"的中医文化

"建昌帮"是我国源于东晋、兴于宋元、成帮于明清的一个古药帮，为全国13大药帮和中药炮制的主要流派之一，与"樟树帮"合称"江西帮"。明末清初，"建昌帮"以医药为业，基本垄断江西、福建、广东、湖南、湖北等省的医药供应，中国的台湾、香港，新加坡，马来西亚等地至今仍有立业商药者，中外药界至今还有"樟树个（的）路道，建昌个（的）制炒"、"药不到樟树不灵（齐），药不过建昌不行"之说。"建昌帮"是中医药宝库中一个有显著地方特色的药帮，以中药饮片加工炮制和集散经营销售著称，盱江医学助推了"建昌帮"的发展。建昌帮药业经过发展，在药界赢得了信誉和地位。但在抗日战争时期，南城受到日军飞机轰炸，城市几近废墟，大批药商、药工远赴他乡，"建昌帮"受到致命打击。特别是现在老药工所剩无几，且年岁已高，"建昌帮"面临失传的境地。20世纪50年代，"建昌帮"中药传统炮制技术被编入《全国中药炮制经验集成》。建昌帮药业已入选江西省第二批省级非物质文化遗产名录。

二 盱江康养文旅实践

（一）上唐镇"七夕"长寿文化节

上唐镇是南城县下辖的一个镇，位于南城、南丰、黎川三县交界处，是南城县的"南大门""金三角"，已有800多年的历史，故有千年古镇之美誉。近年来，随着乡村游及体验乡村习俗的兴起，临近农历七月初七（七夕），南城县及周边县市乃至外市、外省都有不少市民慕名前往南城县上唐镇吃"长命粉"，感受当地这一独特的习俗。每年农历七夕早上，上唐人家家户户都要吃"长命粉"（也叫"长寿粉"），祈佑全家能健康长寿命。后来，吃"长命粉"时间也越吃越早，从初七早上提前到初六的晚上。特别是近几年，慕名来上唐吃"长命粉"的外地人逐年增多，吃的时间也有所延长，从农历初五持续到初八。再加上上唐有丰富的旅游资源，如毕姑山、沸珠泉、活水亭桥、十记十号古建筑群等具有历史文化内涵的景点，上唐这个偏隅一方的乡镇名气大噪，上唐"长命粉"也成为人们争相谈论的话题。

相传清乾隆年间上唐产水粉，但工艺粗糙，水粉粗短不耐煮，口感很差。当时，上唐有刘、李两大家族，各自有一家水粉作坊，风味各异，其祖传工艺极为保密。都说同行是冤家，刘、李两家从不来往，但刘氏独女和李氏独子青梅竹马，不顾父母百般阻挠，私订终身。两人综合两家工艺，取长补短，在七夕这天制作出口味绝佳的水粉，乡亲们争相抢购。双方父母见状，只好应允这门婚事。据说，这对夫妻恩爱相守，百岁才辞世。此后，为纪念这对有情人，上唐乡亲都要在七夕这天去镇上吃新鲜的水粉，一来年轻人希望有个好姻缘，二来年长者祈佑能够长命百岁，所以才有七夕吃"长命粉"的习俗。

从 2017 年开始，在镇政府大力支持下，由民间人士发起，组织一年一度的上唐"七夕长寿粉"文化节，每次活动前后延续 5 天，每年有近 30 万人次慕名而来，而且有越来越多的人年年都会来，他们有探亲访友的，有品尝美味的，有来欣赏上唐沸珠泉的，有来重温三百年的明清文化古建群的。

（二）蜜橘产业开发出的功能食品回厂游

一种新的销售与旅游紧密结合的经济模式在互联网的新业态下创新发展起来了。以江西博君生态农业开发有限公司、同善堂药业有限公司为主的食药企业开发了一种回厂游模式。企业将蜜橘和蜜橘加工产品如果醋、果醋饮料、酵素、酵素饮料、药用喷剂、各种休闲小糕点等产品，通过参与回厂游的方式，让游客们了解甚至参与产品的生产加工的过程,让他们体验自己制作安全食品的快乐。这种模式也得到许多游客的喜欢。今后,将会把自己动手制作灌心糖、亲自榨米粉等融入其中,让生活回归自然。

(三)现代农业示范园打造的传统农耕博物馆

传统农耕博物馆是江西仙绿现代农业科技有限公司投资建设的以"乡愁"为核心,以农耕教育为内容的博物馆。该馆集中向人们展示传统农耕的农器具、文化、风俗等老物件,旨在让现在的中小学生了解我们的传统农耕文化及其历史,也让老年人有回忆乡愁的实物、实景。现在的机械化设备令大部分旧时的农器具退出历史舞台,犁、耙、斛、斗、升、风车、草帽、蓑衣等过去的老器物能让孩子们觉得新鲜,又能使有点年纪的人忆苦思甜,因而吸引了大批游人前来参观、打卡。从博物馆开馆到现在,每年都有几万人到会此参观、学习、体验。

(四)采摘节下的蟠桃盛会

"周末到哪去?"成为现代家庭休闲必备的问候语。人们现在周末有2天时间,如果遇上天气晴好、心情舒畅,总会邀几个伙伴带上家人到附近的山水之间采风、郊游或到一些果园体验采果的劳动乐趣。2018年6月开始,位于南城麻姑山脚下的蟠桃园正式向全县人民开放,第一届南城县蟠桃节前三天就吸引游客达3万多人次,每天桃子销售的利润达到3万多元。现在蟠桃园不但可以采果而且在2月底3月初的时候,不同品种、不同色彩的桃花竞相开放,还成为南城人民春日必去的打卡地。

(五)周末回归田园,当养生"农民"

现在,城市的周边许多菜地被一些城里人承包了,他们白天的身份是公务员、教师、干部，下班后，他们就会扛上锄头、带上铁锹、提着水桶、挎着菜篮在菜地里劳动。未来，更多的"两栖人"会加入这种劳动养老或周末回归田园的生活中，既养生又怡情，因为生命中也需要这种自给自足的安全感。

（六）红色基因下的麻源小街

麻姑山脚下的麻源水库边有一个村庄，叫麻岭村，依山傍水、传承红色故事。一条溪水从麻姑源水库引流而下，村庄、小街、莲池、稻田、小桥、古巷、桃园源、菜园勾勒出充满诗情画意的红色基因小村庄。1932年，毛泽东率红一军团部分主力来到麻岭下，住在麻岭山脚下的危家祠堂，新中国成立后危家祠堂被布置为"麻岭下毛主席旧居陈列馆"。

麻岭下有一家百果园，一位农业大学毕业的年轻人在此创业，种有300多亩的蟠桃园，还有200多亩果园分别种上了梨、枇杷、杨梅、柿子、猕猴桃、李子、桑葚。如今，政府将民居改造成民宿，将当年红军走过的小街改造为红军街，成为南城县红色教育的一张名片，也是南城一日游的经典去处。

三 融合6G元素，让长寿文化吸引"候鸟"回归

乡村振兴的物质基础是文化的振兴，更是乡贤的回归[1]。县域经济的发展离不开是地域特色和乡村文化[2]。南城，一直以麻姑长寿文化为核心打造文化旅游产业，这符合南城一方水土，一方人文情怀。南城县是一个有故事也有生态的地方，长寿养老必然是一个永久的命题。如何结合南城县的区位优势和生态特点，实现养老的回归？城市是创新创业的集聚地，年轻人应该在城市中打拼，退休了，可以

回归山林、村庄，落叶还得归根。人从哪来，又到哪去呢？乡村是一张有归期的船票。

（一）绿色（Green）生态，森林康养

"森林康养"是一种国际潮流，在国外被称为"森林医疗"或"森林疗养"，它起源于德国。19世纪40年代，德国创立了世界上第一个森林浴基地，形成了最初的森林康养概念[3]。森林康养对人体健康具有十分有效的保健作用和心理保健功能，具有养身、养心、养性、养智、养德"五养"功效[3]。南城县绿色资源十分丰富，森林覆盖率达67.93%，有着"天然大氧吧"的美誉。可在麻姑山半山区或山脚下，将一些废弃的企业、农场和村庄等重新整合，规划建设集绿色、康养、休闲、聚会、体验、疗养、健身等为一体的休闲养康的场所以吸引大量在外拼搏需要回归家乡的南城籍人士。

（二）园艺（Garden）体验，回归田园

发达国家富裕家庭也喜欢回归田园，将庄园作为一种农业的新兴发展模式，同时作为一种养生模式。庄园有一定的专业性，它成功地改变了美国、荷兰、澳洲等国的农业经济状况[4]。在有条件的地方，建设一些认养式的小型园艺庄园，以1~2亩为一个单元，种植花草树木、应季的蔬菜、当地的水果，提供完熟栽培的管理技术等，让人们在周末或闲暇时光，体验园艺劳动的同时提供健康安全的食品，满足人们对田园梦的追求。

（三）聚汇（Gather）资源，研学游教

乡村研学游是振兴乡村的新动力，县域经济可以整合乡村特色旅游、文化、生态优势资源，将乡村自然景观、风土人情、农耕文化等

方面的特色和优势有机结合起来，打造个性化、特色化、多元化的特色品牌[5]。结合农耕文化，开展研学游成为一种时尚。研学游被纳入中小学教育教学计划，是由教育部门和学校有计划地组织安排，通过集体旅行、集中食宿方式开展的研究性学习、科普和旅行体验相结合的校外教育活动；是学校教育和校外教育与实践衔接的创新形式；是教育教学的重要内容；是综合实践育人的有效途径。研学游将满足学生日益增长的旅游需求，从小培养学生文明旅游意识，养成文明旅游行为习惯。最好的研学游是红色文化教育和农耕文化体验，南城县以现代农业示范园为核心，从安全、便利、新颖、内容丰富、贴近实际、寓教一体的目的出发，重新规划和调整研学游的内容和形式，以满足可持续服务南城县近3万学生的研学游需要。

（四）女神（God）麻姑，长寿传承

不断传承南城麻姑长寿文化，让南城县人民从骨子里继承善良、勤劳、正直、乐观向上、有情有义的麻姑长寿精神。追求长寿，是每个生命的希望所在，以精神为依托，以物质为载体，继续推动麻姑山旅游资源的开发。长寿是基因决定的，但是健康的生活观念、良好的生态环境，以及超值的医疗社会服务水平对长寿也非常重要。可以围绕着麻姑山打造一个集养老、休闲、保健为一体的长寿小镇。

（五）游客（Guest）长留，养生故里

也许千年的修炼只为回眸一刻。要吸引游客在南城待的时间久些，只有定向开发出适合某些游客特殊要求的产品。现在的旅游往往是没来过期望，来过后失望，第二次来的动力就没有了。所以无论是景点的设计还是景区的打造，一定要有新颖性和舒适性，并且要有记忆功能和其他的功能。为看景点而看景点是没有生命力的，全国的景

点同质化非常严重。如何实现从待一天，到几天，甚至更久一些，旅游线路和景区规划一定需要高端定位，吸引眼球，抓住心灵。

（六）政府（Government）推动，实施有效

南城县是一个农业大县，如何转变政府思路，从大农业思维方式去思考旅游产业升级，一定要聚焦聚力，举全县之力，挖掘本土乡贤能人，大力引才招智，以麻姑山长寿文化为核心，以南城县现有的生态环境、社会能力实施有效的推动。抓住乡村振兴的新契机，发挥政府的协调和组织功能，渐进开发出旅游产品，满足人民不断增长的旅游需要。

注　释

[1] 李建民、李丹：《乡贤资本返乡与乡村产业振兴的新路径》，《中国集体经济》2021年第12期，第15～16页。

[2] 史芸：《"乡村振兴"背景下山西农旅特产包装设计研究》，《设计》2021年第7期，第37～39页。

[3] 孙抱朴：《森林康养——大健康产业的新业态》，《经济》2015年第10期，第82～83页。

[4] 侯满平、邹统钎：《新常态下的庄园发展模式》，《新农业》2015年第10期，第19～21页。

[5] 陈曦：《乡村振兴战略下襄阳城郊乡村研学游开发现状及提升路径研究》，《农村经济与科技》2020年第15期，第77～78页。

四川省洪雅县康养旅游发展研究

穆鹏云　张守夫　侯满平*

一　洪雅县康养旅游发展概述

洪雅县位于四川盆地西南方向，紧邻峨眉山，境内有著名的瓦屋山，全县面积共1896平方公里，辖区内12个乡镇，总人口达35万人，其位于成德眉资同城化发展辐射区内。洪雅县最高海拔为3090米，最低海拔为417.5米，县域内河流众多，且多数河流水质较好，例如青衣江常年保持Ⅱ类水质。洪雅县森林覆盖率超71.4%，总面积达203亩。洪雅县凭借其独特的地理环境优势，得到了"天然氧吧""天府花园"等美誉，成为国家生态县、国家生态文明建设示范县，荣获全省唯一的首届"中国生态文明奖"。

洪雅县依托本地环境优势，坚持绿色生态发展，在以环境保护为前提条件下，积极探索开展森林康养产业，形成了一条独具优势的生态发展之路。自2015年以来，洪雅县成功举办了多次与森林康养有关的会议，对康养旅游及康养产业的发展产生了一定的影响。其中有产生全国首个森林康养宣言——《玉屏山宣言》的"中国（四川）首届森林康养年会"，对全国森林康养发展起到了一定的作用。洪雅县举办了"绿色共享·森林康养"对话，与国内其他森林康养

---

* 穆鹏云，山西大学马克思主义学院博士研究生，研究方向为马克思主义理论、农村土地制度；张守夫，山西大学马克思主义学院教授，博导，研究方向为马克思主义理论、农村问题；侯满平，博士，合作博导，河北东方学院副教授，北京第二外国语学院中国文化和旅游产业研究院特聘研究员，研究方向为文化与旅游产业规划、乡村田园规划及"三农"领域等。

试点县、区进行积极的沟通和交流,共同签署了《全国森林康养基地试点县发展共识》,公布了四川省第一条森林康养走廊,同时发放了第一批森林康养一卡通。通过几年的发展,洪雅县依托自身独特的森林资源优势,形成多个森林康养基地,在森林康养方面取得了显著的成就,成为全国唯一的"全国森林康养标准化建设县"。

二 洪雅县康养旅游经验做法

(一)以绿色生态为基底

洪雅县在发展康养旅游的过程中一贯坚持绿色的、生态的发展,为此洪雅县专门出台了相关系列文件,例如《严格森林资源管理促进生态文明建设的实施意见》《森林资源管理工作目标考核办法》《森林资源保护行政问责办法》。与此同时,洪雅县关闭和拆除了在瓦屋山和周公河范围内的66个矿场及46个水电站,强力保护森林资源。洪雅县在农村积极实施"两个工程",即"拥翠工程"和"绿色家园工程",持续开展植树活动,带动全县人民参与植绿、护绿、爱绿活动,以此来推进洪雅县生态文明建设。通过维护退耕还林的种植成果,凭借县域内原有的天然林,以及多年来零星种植的80万株树木,洪雅县森林覆盖率高达71%以上,获得"森林氧吧"的美誉。县政府坚持将绿色发展理念与丰富的森林资源有效地结合在一起,共同构成了洪雅县森林康养旅游发展的坚实基础。

(二)以体制创新为驱动

完善的体制机制建设对洪雅县的森林康养发展尤为重要。洪雅县汇聚各优势要素,集中力量发展森林康养产业,建立并完善"一把手"责任制,把森林康养纳入全县发展规划中。全县成立了4个景区管委会，专门组建了旅游警察大队，成为全省的典范，对森林康养旅游发展起到了一定的作用。2016年，在全省率先单设正科级事业单位——县健康产业办公室、县生态文明建设办公室、县旅游发展中心等机构，洪雅县政府在县林业局设立了四川省第一个专门负责统筹推进森林康养产业发展的办公室。为了明确各责任主体的工作职责，建立有效的协同合作工作机制，2019年，洪雅县成立了全省唯一的县级康养发展局。此外，洪雅县委、县政府结合森林康养产业发展现状及未来趋势，又出台了《关于推进健康产业发展的意见》《关于大力推进森林康养产业发展的意见》。

（三）以多元投入为保障

森林康养产业的发展需要巨大的投入，仅凭政府无法独立完成，洪雅县采取多种方式解决这一问题。首先，洪雅县投入1000万元设立了森林康养专项基金，主要用于全县森林康养基地、森林康养小镇、森林康养人家的创建及森林康养步道建设。其次，洪雅县全力吸引国内外资本投资，例如打造七里坪太阳季度乐园就吸引了法国PVCP集团30亿元的投资、绿地集团和华熙国际分别以180亿元和200亿元的投资金额参与到洪雅县国际旅游度假区项目和华熙健康美丽小镇项目的建设中。最后，洪雅县在道路交通设施、旅游环境等森林康养产业发展所需的配套设施建设中也投入了巨大的人力、物力和财力。

（四）以服务体系为支撑

洪雅县启动制定森林康养服务"玉屏山（企业）标准"，从康养套餐设计、服务团队培训、设施设备专业指导和推广宣传四个方面进行专业服务体系建设。森林康养服务的发展离不开高素质专业的人员，洪雅县为了培养专业人才，与地方高校展开积极的合作，签订了合作协议，各高校也为洪雅县森林康养发展不断输送服务型人才。此外，洪雅县作为森林康养的源头及优秀试点，也得到了许多高校的关注，四川大学将洪雅县作为森林康养研究基地，与政府合作建立康养社区，对洪雅县森林康养的各方面进行了长期的实地跟踪调查，对洪雅县旅游发展起到了一定的作用。

（五）以专项规划为导向

洪雅县作为大力发展康养旅游产业的试点县，必然要依托自身丰富的森林资源大力发展森林康养产业。为了在坚持绿色发展的前提下更好地推动森林康养产业，尤其是森林康养旅游业的发展，洪雅县邀请国内相关领域内的专家，组成专家团队。专家团队结合洪雅县森林资源现状，通过对全县的环境承载力及经济发展状况进行深入了解分析，对全县森林康养进行了科学规划，编制了《洪雅县森林康养产业发展规划（2018～2025）》。首先，对洪雅县森林康养产业发展的自然地理环境进行了阐述，阐明了洪雅县发展森林康养产业的优势与挑战。其次，对未来洪雅县森林康养产业总体布局和产品开发进行了详细的规划，使资源得到有效的开发和利用。最后，明确了未来洪雅县森林康养发展的主要任务，对每一分期的发展也做了详尽的规划。此外，规划还明确了洪雅县发展森林康养的保障措施。

三 洪雅县康养旅游特色景点及未来发展规划

洪雅县的康养旅游主要是在其丰富的森林资源基础之上发展起来的，全县有许多著名景点供游人赏玩，根据各风景区的不同特色优势，未来将会形成以玉屏山、瓦屋山、七里坪等景区为主的"森林康养生态体验示范区""森林康养生态度假示范区""森林康养绿色抗衰示范区"。这些示范区和各森林康养基地的不断完善，将为游客提供更加丰富的旅游产品，使游客获得很好的游览体验。

（一）"森林康养生态体验示范区"玉屏山

玉屏山森林覆盖率为93%以上，是全国最大的无蚊景区，具备康养、旅居、森林体验、自然教育、户外拓展等项目开展得天独厚的优势条件。现有森林康养主题酒店1家，床位900个，11.9公里主题鲜明、配套齐全的森林康养步道，森林体验基地、森林运动乐园、国际滑翔伞基地、最美森林露营地等体验项目精彩纷呈，森林康养体验产品日益丰富，森林康养健康管理中心已经建成，基地距中心城区46公里。

1. 基地体验项目

玉屏山森林康养体验基地是中国森林康养的发祥地。投资4.5亿元，遵循"全龄段覆盖"原则、按照"动静分区"规划。在动区中，游客可以体验户外滑翔伞、自行车越野、玻璃栈道、空中溜索、射击等；在静区中，游客可以参与打太极、品禅茶、作书画等。此外还有一些自然疗法供大家选择。

基地森林康养主题酒店开设以安享睡眠为主题的疗宿项目；以森系健康菜为主题的营养膳食中心；以艾灸、药浴、中医熏蒸、森林SPA为主导的体验项目。

基地目前与柳江古镇中心医院、四川省林业中心医院深度合作，提供属地医疗保障和驻地健康管理及森林康养医学实证项目合作；与四川音乐学院合作打造基地专属音乐疗法项目；与省市县中医相关部门合作，邀请国家、省级名中医开展名方、名疗中医康养项目。

2. 未来发展

一是以建设"洪雅一地三区"为总目标，打造以"中国森林旅游示范区、中国森林康养目的地"为总任务，以"多元投资、统一规划、统一管理、统一营销"为总原则来指导玉屏山森林康养产业发展,大力拓展玉屏山景区旅游资源,丰富研学课程。

二是将周边区域旅游资源与玉屏山景区旅游资源进行整体规划,连点成线,整合形成中小学生研学实践线路,将研学旅行、自然教育、林业生态科普教育和森林康养普及推广等宣传教育活动有机结合。

(二)"森林康养绿色抗衰示范区"七里坪

七里坪以雅女湖半山有机农庄为重点,体验示范,积极推动"文、农、林"融合发展,将七里坪自然资源与互联网科技、智慧文创等相互叠加,引领现代健康生活,打造百亿有机产业,带动万户农民致富,促进七里坪康养旅游度假产业的全新发展,增强度假区的核心竞争力。七里坪度假高峰期在每年的5~10月,在此期间流动人口可达5万人。2019年,七里坪度假区共服务游客161.1万人,总收入高达20.51亿元。

1. 国际汽车露营公园

七里坪国际汽车露营公园以健康、生态、时尚、休闲为生活理念,基础设施配套齐全。公园内设有停车位及休闲活动区,可以为游客提供车位和活动场所,游客可以自驾房车、自带帐篷。此外,公园内还经营着帐篷、木屋酒店,游客可以轻装前往,体验公园内的一些户外项目。在露营公园,游客可以更亲近大自然、感受自然之美。

2. 景观大道

景观大道横跨七里坪,全长大约3公里,是七里坪的重要景点之一。它是游客欣赏山中美景的中轴线大道和休闲健身大道。它配有小车道、人行道和山间小道。景观大道道路两旁种满各色鲜花,终年鲜花盛开,美艳至极。景观大道有仙草园、百合园和荷兰风车等十多处景点供游客赏玩。在景区,游客可以在花海中徜徉,树木间游戏,尽情感受峨眉风光。

3. 仙草园

仙草园（名贵中药材保育圃），占地53亩。园内合计景观点18处，分为体验区和种植区。种植区以《证类草本》为指导，分区打造集培育、科普、观赏于一体的种植园，并将"威尔逊的故事"融入其中，业主和游客可以在此轻松有趣的读到每一颗植物的故事。体验区内设置休闲广场、膳食房、DIY区、线上线下购物区、峨眉山珍稀药用植物体验区等。

4. 梦幻森林禅道

柳杉林的负氧离子释放量较高，梦幻禅道的打造依托于七里坪深山的柳杉林资源，总规划约14公里的禅道环绕在七里坪的万亩柳杉林中，目前已建好约4.1公里。在禅道的两旁建有可以体验森林SPA、禅修及禅茶的小木屋，游客可体验到大自然的宁静安逸。如果每天都在森林禅道漫步，将有助于提高游客的睡眠质量，促进心脑血管等疾病的功能修复。

5. 半山康养小镇

半山康养小镇，游客可以感受到休闲旅游的舒适，同时也可以体验绿色养生、中医养生理疗、健康管理等项目。小镇开创"生物、中药、绿色"的抗衰模式，致力打造"中国首个健康主题小镇"。

在半山康养小镇，建设有中药博物馆、抗衰养生中心及半山健康产品销售体验中心、体检诊疗中心、国医馆和名医工作室、生态有机餐厅等供游客自己选择。镇内汇聚国内外多家权威医疗机构和团队，众多知名专家均在小镇设立工作室，并将提供一站式健康管家抗衰养生服务。

小镇二期以打造健康主题小镇为重点，加入养生康体、精品院落客栈两个全功能，峨眉半山七里坪的智慧康养中心将于小镇二期呈现。

6. 易筋经生命养生馆

七里坪易筋经生命养生馆建筑面积824平方米，投资498万元，是半山康养小镇武术修炼、禅修、养生、抗衰的载体，是七里坪人体5S健康管理的组成部分。易筋经生命养生馆常年活动规划包括抗衰养生节、生命健康周、武修沙龙日等。

7. 健康管理中心

健康管理中心主要由5S多肽微透细胞净化的输注室与免疫细胞和干细胞回输室构成。

细胞净化是通过静脉点滴的方法将多种营养活性成分输注到人体后产生抗氧化、提高免疫力、嵌合重金属、激活新陈代谢的作用，尤其是针对肝肾功能的恢复改善具有很好的作用，大量验证证明对癌症患者化疗、放疗后的化学性、放射性毒素的毒性解除具有很好的效果。七里坪健康管理中心是唯一掌握该配方的省内抗衰老机构。

免疫细胞和干细胞回输室，每个房间均配有心电监护仪，共配备有临床主任、副主任医师3人，护士8人，可以为顾客提供相关技术咨询与医疗保障服务。

（三）文旅特色小镇——柳江古镇

柳江古镇是洪雅县旅游"一线四区"重要板块之一，已经有800年的历史，具有深厚的历史文化底蕴；距县城35公里，与洪雅县城、槽渔滩景区、峨眉山金顶和瓦屋山景区处于一小时车程内，是洪雅县旅游干线上的一个重要节点。柳江古镇一年四季烟雨朦胧，青纱薄雾引人遐想，"烟雨柳江"为其最美生态景观，是休闲、避暑择佳之地。

1. 杨村河、花溪河

柳江古镇有两条漂亮的河流——杨村河、花溪河。其发源于深山，河水中富含多种对人体有益的矿物质。河道以险峻、奇特为美。

河流与湖泊、溪流、瀑布、鸟兽等美丽的自然风光一起，形成了独特的一景。游客在花溪河中，可以感受水上漂流的刺激与激情。

2. 曾家园

曾家园是柳江古镇一座砖木结构的民居，由柳江地主曾义成设计建造的。整个建筑采用中西结合的理念，在展现我国南方建筑的特有风格的同时又借鉴了西方建筑的材质和图案，整体保存完好，作为省内少有的民国时期民居庭院建筑范例，其具有较高历史价值和极高的观赏价值，成为游客打卡柳江古镇的重要景点之一。

3. 古镇老街

每一个古镇都有几条见证其历史变迁的街道，柳江古镇也是如此，街道曲折，不是很宽，有水渠穿过，给古街增添几分温柔。走在古镇老街中，游客会从不平整的石板路上感受到他的沧桑，如今的古街依旧整洁古朴，等待游客发现它的美丽。古镇老街上不同时期建造的民居保存依旧完整，同时由于其风格不同，成为古街的特色之一。走在古街，推开路边的民居，别有一番景致，站在院中可以感受到透过天井洒在身上的阳光，暖暖的，舒服极了。院中有主人栽种的各色花草，给古朴的建筑增添几分灵动与生气。院中的建筑其外表和内容使我们可以感受到它的历史，让我们恍惚间回到了从前，有一种时光流转的感觉。

现在古镇已发生了很大的不同，古老的小街上涌动着现代气息。游客可以在街道两旁的商铺中与朋友推杯换盏，谈天说地，可以观赏到本地的特色工艺产品，也可以品尝到古镇的特色小吃，总有一个小铺会吸引你驻足停留。

4. 侯家山寨

侯家山寨是茶园体验的好去处，同时也是柳江乡村游的必去景点之一。山寨温度适宜，空气质量好，山泉水资源丰富。目前山寨已成为附近乡村旅游的接待点，游客可以漫步在康体步行道，欣赏两旁的美景，也可以到山泉泳池去游玩。山寨也配有会议中心和运动场等完善的配套设施，山寨可保证每天接待1000人以上。

（四）"森林康养生态度假示范区"瓦屋山

瓦屋山地处洪雅县的西南位置，森林资源丰富，山上的原始森林得到很好的保护，形成了著名的瓦屋山国家森林公园。森林公园中有雅女湖、双洞溪、观瀑亭等景点。

1. 雅女湖

雅女湖是瓦屋山的水库，同时也是瓦屋山的景点之一，是一个高原湖泊。雅女湖湖面平静如镜，走在湖边，湖中的人影及周边的树影交织在一起，顿时让人放下心中的杂念，融入美景之中。此外，雅女湖还进行了养殖，在雅女湖，游客不仅可以坐在瓦屋山水库边的休息椅上眺望远处那清澈的白湖，还可以和家人、友人一起感受垂钓的乐趣。

2. 双洞溪

双洞溪由其他发源于地下暗河两条溪流组成，溪水在山间静静地流淌，两旁树木倒影在水中，让游客感受到自然之美。在双洞溪周边还分布着许多瀑布和小潭，游客可以看到绿叶潭中的石头在阳光的照射下发出耀眼的光芒，也可以观赏到湖面的静态之美。此外游客还可以到蝴蝶、珍珠及双龙瀑布领略瀑布的不同之美。

3. 观瀑亭

观瀑亭是游客感受大自然的必去景点之一。在观瀑亭里，游客可以听到水声和鸟鸣声，把人们带入一个远离尘世的仙境。两条瀑布相距近100米，高约100米，如同长长的白纱般从石壁上垂下，相互呼应，这就是著名的"飞沙瀑布"。

4. 古佛坪、光相寺

古佛坪索道有一个中间站，游客可以在这里选择不同的游览路线，一条是沿着人行道去往燕子洞，途中有杜鹃林、红叶林、野牛街、元溪、阳溪、兰溪等；另一条是通往原始森林，在鸳鸯池边嬉戏，观看象尔岩，观赏日出、云海、佛光等。光相寺之所以被游客喜欢是因为其睹光台，在台上人们可以看到最美的日出、云海。

5. 鸳鸯池

鸳鸯池面积大约100亩，如同一颗巨大的宝石镶嵌在瓦屋山的浩瀚林海中。五月开始鸳鸯池就进入旅游旺季，五月杜鹃花开，浓香扑鼻，花海成为游客拍照打卡的最佳选择；冬季来临，洁白的雪花飘落在池边，带来另一番美景。唐代文物——太上老君木雕在池边保存较好，雕刻者技艺高超，木雕神韵依旧，具有一定的观赏价值，因此也成为瓦屋山一绝。

（五）未来发展规划

洪雅县森林康养旅游一直走在全国的前列，但洪雅县仍在精益求精，通过科学的规划不断完善和丰富洪雅县的旅游产品，给游客以更加满意的服务体验。未来，洪雅县将以"三山（瓦屋山、玉屏山、峨眉半山）、两湖（雅女湖、汉王湖）、一江（青衣江）"为重点区域，构建"一核三区"的森林康养空间格局。同时根据洪雅县森林康养的特点，依托相关产业配套，将打造养生度假、温泉疗养、医养融合、文旅康养、生态体验、教育体验、生态农养七个特色产业集群，以为广大游客提供更优的旅游产品和旅游体验。

（资料由洪雅县提供）

康养酒店经典案例分析

曾丽婷　吴琼瑶　朱晓豫　Olaf Schulz-Lobeck *

在新冠肺炎疫情常态化的背景下，人们对健康的关注达到了一个空前的高度，康养产业也被推到了台前。按照《"健康中国 2030"规划纲要》确定的目标：到 2020 年，健康服务业总规模超 8 万亿元，到 2030 年达 16 万亿元。事实上，康养产业早已成了全球经济中唯一"不缩水"的行业，并被国际经济学界确定为"无限广阔的兆亿产业"。但是，目前真正的康养酒店在国内可谓凤毛麟角，整个市场仍处于初期发展阶段。本文以一家城市养生酒店、一家医疗酒店和一家本土新兴康养度假酒店为例，通过对中西、城郊特色康养酒店的案例分析，期望为康养酒店的建设提供一些参考和借鉴。

一　上海阿纳迪酒店——全球第一家城市养生酒店

（一）上海阿纳迪酒店简介及品牌故事

上海阿纳迪酒店是德国禾零养生酒店集团 Healing Hotels 在中国的首家成员酒店，并凭借其奢华的品质，成为"全球规模最大的奢

---

* 曾丽婷，博士在读，北京第二外国语学院中瑞酒店管理学院教务长助理兼健康服务与管理教研室主任，教授，研究方向为康养服务与管理；吴琼瑶，北京第二外国语学院中瑞酒店管理学院副教授，酒店业研究中心高级研究员，研究方向为酒店管理；朱晓豫，阿纳迪酒店管理公司董事、上海阿纳迪酒店总经理，研究方向为城市养生酒店；Olaf Schulz-Lobeck，香港本慧玛雅管理有限公司董事长，研究方向为医疗酒店。

华酒店集团"LHW（美国立鼎世酒店集团）的中国成员之一。2017年开业的上海阿纳迪酒店占地面积 7 万余平方米，坐落于上海市长宁区临虹路（上海虹桥东方国信商务广场，毗邻苏州河），地理位置取城市桃源之境，环抱无可比拟的城市绿洲，如同城市中的后花园，旺中带静，交通便利。上海阿纳迪酒店，拥有 325 间客房及套房，配备秘境西餐厅、源宴中餐厅、竹善日餐厅、大堂吧及美食屋。上海阿纳迪酒店拥有 5000 平方米的会议活动空间，1500 平方米阳光草坪，3 个无柱式奢华宴会厅，最多可容纳 1000 余人；另设 1500 平方米的花园草坪。此外，酒店还设有游泳池及衡悦心舍水疗中心，房间内及酒店公共区域配备多样休闲养生设施。

Anandi 意为"平衡之后的喜悦"。阿纳迪，带给客人的不仅是全新的住宿体验，更是一种天然的回归，一次能量的平衡，一场身、心、灵的唤活之旅。阿纳迪定位于养生奢华酒店，作为引领未来酒店的新趋势，阿纳迪不仅仅满足人们在住宿、餐饮和休闲方面的诉求，更能带给客人身、心、灵的健康愉悦。阿纳迪是为接待修行道路上的旅行者而修建的，通过服务、关怀、教育、疗愈影响越来越多的群体加入这个行列。上海阿纳迪酒店是以专注"极致养生"为设计理念的奢华酒店，风格现代，凭借个性化服务、完备的设施，为宾客奉上焕发身心的愉悦体验。无论是休闲还是商务，这座设计精美的酒店都将以无与伦比的高水平服务，确保宾客在入住期间尽享养生之旅。养生管家服务、根据每位宾客入住时的精气评估而定制的个性化服务及睡眠周期技术的运用，将养生理念完美呈现。

（二）上海阿纳迪酒店的产品打造

1. 定位——聚焦城市养生

引人注目的品牌主张，充分明确提炼酒店独具特色的服务与产品理念，使酒店品牌与核心客户群的期望产生共鸣是远洲集团酒店建设的初心。通过2012~2014年的市场调研，远洲集团酒店希望在上海虹桥地段打造一个能捕捉到核心消费者独特诉求的、提供差异化服务和产品的高端酒店品牌。这个品牌定位须满足远洲酒店独有特色、核心客户群的期望，并提供全方位的服务与价值。调研发现，随着世界日趋不断的无缝隙连接，企业管理人员为公司的利益而日夜奔劳，这种持续不间断的旅行难以维持身心健康的平衡和需求。目前，还没有一个主流酒店进军这个领域，这是一个令人振奋的空白，最终上海阿纳迪酒店定位于"细节中处处唤活身心的商旅及休闲的目的地"。

上海阿纳迪酒店的定位过程更像"排除法"。经调研发现，酒店所处的临空经济园区规划总面积为5.14平方公里，入驻的总部型企业多达300多家，世界500强企业10家，当地居民也在不断增加，预测其会是一个快速发展的商务枢纽。

现有和未来即将进驻的各大品牌表现良好，凭借国际标准设施和服务而著称，既然市场已经被众多国际主流酒店占据，另辟蹊径，创建一个全新的独树一帜的商务酒店，提供超越主流5星酒店的产品和服务是上海阿纳迪酒店的"理性"选择。

上海阿纳迪酒店发现，当前区域以周边工业商业设施为主，缺乏活力，且生活方式类的产品及服务亦寥寥无几。酒店计划从"缺乏生动的休闲活动来吸引周边的居民和商务团体"工业中心向"不断增加拥有活力元素的生活及娱乐设施"生活方式目的地转型。将独具特色的生活元素加入经营理念中，可能会吸引外国商务客户和当地的休闲客户群。这也让疲于接受标准化服务的商务功能和聚会需求，有了独具特色的生活方式选择。

2. 客户画像——三类核心消费者及其情感诉求

在深入的市场调研及 Lu Concept、China Affluent Survey 2013 等权

威报告支持下，上海阿纳迪酒店将目标客户锁定在商旅人士、虹桥商圈白领以及周边居民（包括苏浙沪中高产阶层）三类中。无论是应对商务或者休闲，上海阿纳迪酒店聚焦于吸引与时俱进、追求精致和独特生活体验的客户群体，并勾勒出其客户画像（见表1）。

通过客户画像，整理客户特征及其核心诉求，提取其渴望，从而设计出对应产品，是上海阿纳迪酒店产品打造的业务逻辑。胡润2015年高净值人群调查报告显示，只有12%的人认为自己健康，而在所有健康问题中，加班熬夜和失眠是关注最多的。高净值商旅和都市人群普遍关注失眠、头痛、易疲倦、记忆力下降、肩颈不适等问题。

表1　上海阿纳迪酒店产品打造过程

类型	客户特征	核心诉求	客户渴望	对应产品
商旅人士	现代、优雅、积极进取	舒适和安心的旅行	智能现代"设计+科技"	(1)提高他们的日常生活体验的智能科技；(2)经典永恒、功能齐全、简单易用的现代简约设计；(3)生活无缝连接和流动性
虹桥商圈白领	现代、思维开放、积极进取、追求高品质生活方式	生活和职业的平衡	平衡反璞"日常生活+养生"	(1)被大自然拥抱的宁谧环境；(2)健康的饮食和日常起居彰显可持续的生活方式；(3)寻求时间放松日常生活的压力，为感观注入新鲜活力
周边居民	追求都市的、高雅的、健康的、新鲜独特的生活方式	追求家庭和工作的平衡	文化本真"消费+品味"	(1)寻求并培育对文化更深刻的理解，和更开阔的世界视野；(2)欣赏艺术品渊源和独特气质；(3)寻求对工艺、艺术和技术工艺的深层鉴赏

3. 产品特色——都市隐秘疗愈胜地的身、心、灵唤活之旅

在阿纳迪，人们得到身心放松、心灵疗愈、心灵连接、心灵升华。身体、情绪、心理和精神是一个相互影响的整体，阿纳迪不单单帮助恢复能量，更希望成为人们获得内心平静、喜悦、重塑健康生活的方式。

（1）归隐虹桥繁华中的都市隐秘疗愈胜地

上海阿纳迪酒店联合德国疗愈团队共同打造，心怀感恩和珍惜宾客之心，致力通过能量平衡的空间产品设计，将全球前沿的健康理念融入旅居人士和城市居民的生活中，打造身心灵唤活的全新目的地。步入这座都市的桃源，烦躁的心便渐渐宁静。酒店整体风格外部内敛典雅，两幢建筑相望而建，呈现建筑美学中"太极阴阳鱼图"的形状。建筑内部别有洞天，既表达了建筑体形神兼备的意境，又穿透出一种生命无限可能的境界。

上海阿纳迪酒店力求细节彰显灵性之美。如担纲酒店室内设计的HBA合伙人、知名设计师Agnes所说："整个酒店的设计风格于自然中汲取灵感，在简约中创造活力，在空间中传达一种'生命平衡宁静'的力量。宾客于'曲径通幽'处到达酒店，一道流水与绿树掩映的上海小'路'，大堂的设计灵感来自'森林秘境'，身处其中移步一景，左侧'上海弄堂'风格的大堂吧，依照上海传统石库门的创新设计，体现上海传统的居住文化和本地文化；右侧宾客空间采用多层次的方形镂空菱格，没有富丽堂皇，只有瀑布流水相随。中庭、餐厅，甚至客房都采用了'室内空间室外化'的构思，把外部的阳光和景观最大可能的与室内空间相连，中庭环绕的多层客房区域，被传统的木质窗层层掩映，中通玻璃观光电梯和对面呼应的空中旋转楼梯，贯穿酒店主楼的下沉层到玻璃穹顶。"

（2）筑一方能量场，启一场身、心、灵唤活之旅

阿纳迪，取意梵语Anandi，意为"平衡之后的喜悦"。阿纳迪品

牌标识灵感来自一颗金色石榴的剖面视角，简洁而富有张力的语言设计，将石榴本身的特性与阿纳迪品牌内涵完美融合：真正生命的喜悦，源于晶莹剔透而丰富宁静的内心世界。

上海阿纳迪酒店以"自然磁场、人文关怀、身心唤活、尽情体验"四大品牌基因为核心支柱，坚守"新鲜的空气、干净的水、健康的食物和发自内心的微笑"四大服务承诺，力求建立养生主题的城市奢华酒店行业标准（见表2）。

表2　上海阿纳迪酒店的品牌基因到特色产品

品牌基因	载体	作用机理	特色产品
自然磁场	空间环境	取城市桃源之境，倚靠蜿蜒绵长的苏州河，感受橄榄树的轻语，给予身心灵完全放松与安逸的天然磁场	(1)"太极阴阳鱼图"建筑群；(2)点面结合，情景呈现
人文关怀	疗愈体系	引进印度古老的自然疗法系统，根据顾客的状态，通过阿育吠陀体质检查表，划分为VATA风型体质、PITTA火型体质和KAPHA水型体质，展开积极干预	(1)平衡膳食：秘境西餐厅、源宴中餐厅、竹善日餐厅；(2)疗愈工坊：颂钵工坊、瑜伽工坊、冥想工坊
身心唤活	能量之轮	掌管人体的生理能量、情感能量和精神能量，是人体能量的中心。通过脉轮测试，开启七色脉轮的疗愈之光，揭开自身能量之轮平衡概念的面纱，加深自我认知与肯定，促进个人的由内而外的和谐	(1)酒店无处不在的"能量之石"：琥珀、玉石、水晶等；(2)棉、麻、布、竹等具有生命力的天然材料
尽情体验	平衡关怀	关注呼吸、代谢、消化、循环、免疫五大系统，带动呼吸、睡眠、净化、律动、唤活五类平衡关怀	(1)325间能量客房；(2)5000平方米的多功能宴会会议区；(3)1500平方米的户外花园草坪；(4)"衡悦心舍"城市健康中心

酒店客房设施中贯穿了"喜马拉雅盐灯"、"大地之床"、"药浴包"和"疗愈音乐盒"等元素，以原木能量与宁静空间为设计理念，关注生命力的延续，营造接近于"自然磁场"的空间环境。酒店服务着重关注"呼吸、睡眠、净化、律动、唤活"五类平衡关怀，致力倡导一种健康自然的生活方式。源宴中餐厅致力追求"食之源，原汁味，唯至诚"，以新派粤菜及本帮美食为主，融合时尚川味，引进全新分子料理。衡悦心舍提供来自全球 100 多项先进的具有激励和修复作用的身体疗愈项目，整合世界各地最纯正的自然疗法，根据个人体质和需求的不同定制专属的疗愈配方，旨在让每一个都市人都能享受到城市中一份别样的清静，尽情释放精神压力，放松身体，搭配定制的体质疗愈配方，改善健康状况，体会新时代健康养生的魅力。

上海阿纳迪酒店力求通过健康养生的服务、活动和生活方式，让人们可以在这里找到自我的连接，向更健康的生活方式改变。阿纳迪酒店的显示屏上实时显示空气指数和 PM2.5 的指数，酒店大量使用棉、麻、布、竹等具有生命力的天然材料，远离人工添加，返璞归真，去往自然的源头。大堂入口处是用经过精挑细选的喜马拉雅盐石完美搭配天然木材而成，成为能量与力量的来源。每间客房内也都配备喜马拉雅盐灯，能有效地吸收人体内湿气与毒气，更好地达到排毒养生的效果。除此之外，纳米地板、大地之床、助眠仪、脉轮测试、平衡膳食餐等独特产品的设计都在从不同个维度丰富着人们对阿纳迪体验和对身心平衡美好生活的理解。

（三）上海阿纳迪酒店运营管理探索

上海阿纳迪酒店的建造历时五个春秋，在品牌如林的上海，寻找、锁定、创建一个新品类考验着上海阿纳迪酒店团队的耐心和毅力。定位出一个独特的 IP，设计出独树一帜的产品和服务抢占顾客心智，是考验更是机遇。当然，在竞争激烈的市场环境中，开业第 3

个月开始赢利，第4、第5个月总收入过千万元的耀眼业绩，也肯定了上海阿纳迪酒店的市场预判和运营管理能力。

所有服务项目的设计旨在让所有参与者都能够回归自我，关注生命，收获健康，从呼吸到情感，从饮食到睡眠，开启健康、平衡、喜悦的身心唤活之旅，甚至在离开酒店之后依然保持平衡和愉悦的生活状态是上海阿纳迪酒店的目标。

上海阿纳迪酒店总经理朱晓豫表示："服务体系的基础逻辑就是我们确认了一个一个的情景，把制造这些情景的关键参数抽出来，加上IT的管控，让员工去做，最后把员工做的结果跟绩效挂钩。"这种将情景无缝连接，按照顾客接触酒店的先后时间顺序，一个一个情景设计，再把一个一个情景连接在一起，由点到线再成面的过程，体现了管理者将西方收益管理体系落地于中国市场可盈利模式探索的思维习惯。这种以团队为单位细致打磨服务与产品，配合可量化式的绩效管理，让情景随形、品质保障的客户体验成为可能。

以一次"登记入住"场景为例，员工首先应做到十步之内目光接触、五步之内微笑并打招呼，整个登记入住的过程不能超过2分钟，确保三次称呼客人姓名，结束后，陪同客人到电梯，遵循电梯礼仪与告别礼仪为客人开电梯并告别，直至目送客人离开。服务标准须量化，不能模糊。再将每一个测量点抽取出来，进行绩效评估，以精益求精，不断优化。拥有中西方双重教育和职业背景的朱晓豫总经理强调："服务的重点是让人舒服，体验无处不在，情景如影随形。"

作为城市养生酒店的先行者，上海阿纳迪酒店已然摸索出一套自己的产品与经营管理之道，并赢得了市场的认可，在"一静一动、一呼一吸、一张一弛"中寻求到一份平衡。真正的康养酒店，完全不等同于水疗、中医、健身等设施的拼凑和堆砌，每一个细节都为人带来身、心、灵的愉悦和宁静。尚未成熟的康养酒店蕴藏了巨大的市场机遇，与之并存的是更多专业领域与未知挑战，也似一场身心灵的唤活之旅。

二 本慧玛雅医疗酒店——以玛雅医学及疗法为核心的医疗酒店品牌

（一）本慧玛雅医疗酒店简介及品牌故事

本慧玛雅是一个整合了健康管理和五星级豪华度假为一体的目的地综合体；是唯一获得了国际玛雅医师协会组织（奥地利）授予许可证的商业地产机构；也是欧洲、美国、俄罗斯、阿联酋和印度市场排名第一的医疗酒店品牌。本慧玛雅医疗酒店的特殊之处主要在于，它以奥地利百年历史的玛雅医学及疗法为核心产品，提供高端的私人定制整体身心健康管理产品，其中包括1~6级食疗、900多种替代医学的理疗和心理治愈个案及群体课程、运动医学个案及群体课程。

说起本慧玛雅的品牌由来，必须提到F. X. Mayr玛雅（1875~1965），他是奥地利著名科学家，整体预防医疗医学博士。他经过大量临床试验，研发了著名的玛雅诊断程式，通过医生五感（视听嗅味触）诊断出人体从良好的健康状态转向器质性病变之前的病状，并予以预防治疗，后人称"玛雅医学"。拥有百年历史的玛雅医学，作为欧洲预防医学的鼻祖，取得了奥地利国家卫生部的官方认可，是西方社会现代预防医疗界的权威代表。随着人们对健康的日益关注，以玛雅医学为核心产品的本慧玛雅医疗酒店应运而生。

本慧玛雅旗下的医疗酒店有56年的历史，目前全球市场已运营23家，在建7家，主要在奥地利、德国、英国、瑞士、西班牙、俄罗斯、乌克兰、巴西、智利，旗下德国Lanserhof Tegernsee酒店先后8次被全球旅游行业协会评为"世界最佳医疗水疗"的酒店，曾获得

2014年欧洲酒店设计大奖[①]。世界旅行杂志"目的地旅行"前十排行榜中曾有三名玛雅医学旗下医疗酒店入围。据不完全统计,全球以健康疗愈旅游为主题的酒店(含养生酒店和医疗酒店)共有300多家,本慧玛雅的酒店约占8%[②]。

2018年8月19日,中国康养研讨会在上海举行,本慧玛雅管理有限公司董事长欧拉夫舒茨罗贝克宣布玛雅医学正式登陆中国。

(二)本慧玛雅医疗酒店的产品打造

1. 定位——充满善意的医疗酒店

相比以休闲、养生为目标的传统康养酒店,本慧玛雅更愿意把自己定位于医疗酒店,每店配备15位经过本慧玛雅医学培训认证医生坐镇,让"康养旅游"甚至"医疗旅游"成为可能。本慧玛雅医疗酒店的产品,除了沿袭主要的医疗特色玛雅排毒疗法等"国际标准化同质化体验"外,每家玛雅医疗酒店还匹配了与玛雅哲学相一致的次级医疗特色,以还原"国内原汁原味本地体验"。例如,中国本慧玛雅医疗酒店即将配备中国藏医疗法。

在玛雅医疗酒店看来,普通酒店与医疗酒店的主要区别是核心产品,正是因为产品、目标及设计重点的巨大差异带来了后续的连锁反应。玛雅医疗酒店的关注重点是打造一个充满善意的地方,一个让宾客体验善意的场所。让宾客感受无微不至关怀的同时,帮助宾客成为最佳的自己;体验极致贵宾服务的同时,尽享愉悦。本慧玛雅医疗酒店旨在融合康养、健康、烹饪、社交和生活方式的体验,让酒店既是私人疗养之地,也是宾客能与志趣相投人士进行社交的第三层空间(见表3)。

---

① 本慧玛雅酒店官网,https://www.fxmayr.cn/en/discover/the-f-x-mayr-retreat。
② 禾零养生酒店集团,https://healinghotelsoftheworld.com。

表3　普通酒店与本慧玛雅医疗酒店的主要定位差异

酒店类型	核心产品	目标	设计重点
普通酒店	床位	满足目标客户当下需求,吸引潜在消费者,投其所好	配套餐厅、康养部、运动设施等其他服务,重点设计客房和配套后勤区域
玛雅医疗酒店	医养业态	针对目标客户当下的生活环境提供专业的解决方案,"床位"仅是附加产品	设计医养产品与服务,并让客房服务于医养,几乎无须后勤区域

2. 核心竞争力——玛雅特色疗法

本慧玛雅医疗酒店有针对慢性病进行预防治疗的100年历史,以玛雅医学及其疗法为核心产品的医养融合的业态有50多年的沉淀,玛雅排毒疗法是本慧玛雅医疗酒店最核心最受欢迎的疗法之一。运用国际领先的"生理—心理—灵魂—社会医学"模式,整合医学和替代医学,通过全方位的疗愈手段为每个客人提供有针对性的疗法,达到快捷、长期有效的疗愈效果。此项疗法关注于肠道健康、免疫系统、均衡营养和适量运动,对于延缓衰老过程有着重要作用。

"肠胃的健康是人类健康的本源,因为消化系统掌管着人体所有器官所需的营养和能量的配送。""90%的疾病和生活习惯有关,确切地讲,是由消化系统失衡引起的。"100年历史的"玛雅国际医师协会"现任主席爱莱克斯维他塞克特别强调消化系统对于免疫系统及身体的重要影响。玛雅排毒疗法正是一套关于生活方式疾病的早期诊断和治疗的独特方法:消化系统及人体器官的排毒与修复,通过大剂量的排毒与能量补充,使消化系统重新恢复其功能,同时再建免疫系统,使器官自愈力得以恢复。经过100年的不断完善,玛雅排毒疗法得到了越来越多科学和医学界的支持和肯定。

本慧玛雅医疗酒店,将由专业的玛雅医师和咨询师根据个体需求制定计划，通过整合营养、运动、理疗等一系列理念去帮助客人打造健康的消化系统。而且，国际玛雅医师协会注重与时俱进，通过融合整体医学和替代医学，根据当下生活需求积极调整玛雅排毒疗法。这一疗法特别适合于慢性病治疗，能增强免疫系统并促进人们提高健康意识，也是本慧玛雅医疗酒店区别于其他康养酒店的核心竞争力所在。

3. 产品特色——提供一个集身、心、灵为一体的整体定制化解决方案

本慧玛雅医疗酒店的核心在于提供一个集身、心、灵于一体的整体解决方案，包括从体检检测到体内排毒的整体医疗步骤，再到睡眠、体力恢复、健身项目及情感康复，最后到个人成长相关的哲学课程，以及营养学的全面渗透。产品化为预防性健康计划、疾病治疗计划和康复计划，支持宾客永久受益，由酒店的整合健康中心落地执行。

具体来看，本慧玛雅医疗酒店提供的产品和服务多达900多种，各项服务可单独订购，也可与套餐共同使用。其中包括1~6级食疗、900多种替代医学的理疗（单项服务时间从5分钟到180分钟不等）、心理治愈个案及群体课程、运动医学个案及群体课程。例如宾客们偏爱的"基础医疗套餐"就包括了定制化玛雅节食疗法在内的15项产品与服务。

4. 硬件价值主张——"可持续性"、"建筑和空间"、"医养业态"和"自然"

本慧玛雅医疗酒店硬件的价值主张注重整合"可持续性"、"建筑和空间"、"医养业态"和"自然"四大考量。以住客治疗结果和疗愈流程为导向，让住客居住在一个"活的环境里"。采取非蓝图式酒店开发模式，每家本慧玛雅医疗酒店都根据所在地情况定制化开发。开发建设周期预计28个月（3个月缓冲期），其中开发设计、概念设计、扩初图纸阶段和施工图纸设计阶段约为12个月，建模、施

工、硬件交付约为16个月。

本慧玛雅医养酒店选址严苛、选材考究，拒绝"无生命力"的材料：以木材为主料的混合式建筑。因需确保建筑地基稳定，采用了少量的混凝土和钢材。预制组装式建筑，墙壁由木材和压缩稻草制成。注重酒店湿度调节，酒店无空调系统，取而代之的是更适合人类的替代能源供暖和制冷系统，如山体热能存储和辐射式天花板冷却系统。倡导"无废弃物"，无厨余或塑料垃圾（自建堆肥系统）和废水回收系统，在必要情况下使用的塑料制品为"生物可降解塑料"。

（三）本慧玛雅医疗酒店落地中国的机遇挑战与未来规划

新型冠状病毒席卷全球，影响了全世界人民生活的方方面面，对已经迅速崛起的健康和康养产业而言，人们的关注日益增长。随着大流行病对社会和经济造成破坏，个人健康和福祉意识不断增强，医疗保健和预防性康养产品被推到了讨论的前沿。如今，康养旅游和医疗旅游越来越交相辉映。一方面，传统上以整体化业态闻名的康养度假目的地，正在扩充诊断手段，采用更先进的疗法；另一方面，以医疗为核心的目的地也在不断丰富服务范围，提供更多的康养服务。由于其特有的文化历史背景，如环保、食品安全、人口老龄化，以及高净值人群增多等诸多因素，中国的康养产业迎来了快速发展的成熟期。目前产业也面临着不少挑战，包括非标准化的产品内容、专业人才的匮乏以及服务意识的薄弱等。

瞄准中国关注工作生活能力和健康状况、深受中长期疾病或慢性病困扰的高净值人士（HNWI），其中70%为女性，30%为男性，本慧玛雅医疗酒店通过市场调研与预测，定制出了一套区别于普通酒店、康养酒店的整体解决方案（见表4）。

表4 普通酒店、康养酒店与本慧玛雅医疗酒店业态对比

酒店类型	预订方式	是否单独出售房间	是否出售体验活动	季节影响	平均逗留（天）	回头客入住率	收费标准	RevPAR比率预估
普通酒店	线上＋线下预订	是	否	大	1~2	40%以下	房间数	1
康养酒店	线上(为主)＋线下预订	是	是	中	5~7	40%~50%	人数	2.5
本慧玛雅医疗酒店	仅线下预定	否	是	小	7~21	50%以上	人数	5.5

中国经历了几十年高速发展阶段，中产阶层人数激增。然而不断迭代的生活方式造成了普遍的亚健康问题。现阶段，中国健康管理发展比较完善的只是在检查和检测阶段，后续针对亚健康的解决方案还相对欠缺。但康养行业前期投资大、回收周期长，又需要有良好的资金能力来支撑。缺乏医疗服务管理经验和资源储备，实为资金实力雄厚的传统地方开发商痛点所在，与专业医疗服务机构合作成为传统地产商涉足康养行业的必经之路。

经过对中国康养市场三年来的调研与专业测算，对比全球玛雅医疗酒店的投资回报情况，以中国的单店4亿元的本慧玛雅医疗酒店投资为例，预计投资回报率（ROI）为6.33%，内部回报率（IRR）为14%，预计7~8年收回成本。本慧玛雅医疗酒店的中国康养蓝图已逐渐清晰，计划在中国市场布局6家本慧玛雅医疗酒店、4家健康会所、1家医学研究院，构建玛雅生态系统。2022年9月，中国第一家温州本慧玛雅医疗酒店和中国玛雅医学研究院将同时开业。本慧玛雅医疗酒店的探索与实践，带来诸多启发与思考，其落地中国的具体实践效果，还有待市场进一步检验。

三 深圳深兰华亭康养度假酒店：中西健康疗养理念相结合的中高端康养酒店

（一）深兰华亭康养度假酒店简介

深兰华亭康养度假酒店是深圳首发的高端康养旅游项目，位于深圳大鹏新区 4A 旅游景区千年古城——东山寺旁，坐落在龙头石山脚，近校场尾、大棚所城，邻杨梅坑、七娘山河南澳、东涌、西涌等旅游度假区。酒店内设有健康养生 SPA 区、御膳私房菜、高端私密会晤区、专业中医诊疗区、豪华多功能会议厅、望海空中花园、禅茶室、琴棋书画区和私家采摘区。拥有独特的御医康养调理，包括饮食康养、睡眠康养、运动康养、情志康养、环境康养、子午康养等个性化康养服务（膳食营养、森林氧吧、御用调息、文化课堂等），是为高端人士提供修养身心、健康生活新方式的京都御医房的康养产业基地。

（二）深兰华亭康养度假酒店的产品特色

自 2019 年开业以来，深兰华亭康养度假酒店获得了客人的青睐。总结其特色及经验，主要体现在以下几方面。

1. 定位——中西健康疗养理念相结合的中高端康养度假酒店

深圳深兰华亭康养度假酒店是依托滨海度假旅游区的旅游资源和市场，以中、西方健康疗养理念为基础，将科学养生与区域内的生态环境和旅游资源结合，打造以追求身体、感情、精神平衡为目的，形成层次递进、功能互补和系统完善的中高端康养度假酒店。未来，深兰华亭将进一步打磨特色康养产品，形成集中医诊疗、营养膳食、特色 SPA、心理按摩、健身用房、锻炼设施于一体的康养度假酒店。

2. 选址——地理位置得天独厚，环境幽静雅致

深圳深兰华亭康养度假酒店位于大鹏新区准 4A 旅游景区千年古城、东山寺旁。大鹏新区成立于 2011 年 12 月 30 日，是深圳经济特区中的生态特区，位于深圳东南部，三面环海，东临大亚湾，与惠州接壤，西抱大鹏湾，遥望香港新界，是粤港澳大湾区的重要节点。而东山寺位于深圳市龙岗区大鹏镇街道办鹏城村东面、龙头石山南侧山腰，俯瞰大亚湾，背山面海，风景极为幽雅绮丽。

迈入酒店，拾级而上，酒店里头同样别有洞天。草木竹石，园池水榭，改良的徽派建筑，一砖一瓦，亭台楼阁，隐约流露出一股中华文化之美。步入深兰华亭，客人往往会放慢脚步，充分享受这桃花源一般的风光，身心都得到充分放松。

总体上来说，作为一家康养酒店，深兰华亭康养度假酒店拥有靠山望海的先天优势，具备"山、林、海"齐备的优越自然资源，同时，还有千年古寺等文化资源，地理位置可谓得天独厚。酒店内的环境也是幽静雅致，与康养的主题十分匹配。

3. 产品特色——"御医康养理疗 + 文化调节心灵 + 养生膳食搭配"

深圳深兰华亭康养度假酒店由出身于医学世家的井海涛先生创立。从《黄帝内经》中"不治已病治未病"的论点吸取了中医健康疗养的观点，历经 15 年的亚健康领域及传统中医养生领域的探寻让井海涛意识到，在如今物质化的世界里，没有什么比身心健康更重要。井海涛认为："许多人在生活中都经历着各种压力和亚健康的状态，实际上身体已经发出不舒服、痛苦等预警信号，但却很难精确地去抓住这个病灶可能真正来自哪里。"为此，深兰华亭将康养理念融入整套酒店服务流程中，为宾客提供多种个性化康养理疗服务。

（1）特色御医康养理疗，提供个性化康养服务

作为成立十年之久的"京都御医房"旗下的康养产业基地，深兰华亭拥有独特的御医康养理疗项目，其中包括御医平衡术、御医导

引术、本草沐足、太极等，宾客可以通过专业医师提供的健康评估，针对性地选择相应的御医康养理疗项目，大大舒缓身体的疲惫感，放松紧绷的精神，增添活力与能量。

例如，因工作劳累，肩颈背痛的小伙伴们，可以体验御医平衡术这一项目。这是由专业的御医师主理，依据辨证施治的原则，通过专业的手法，穴位点压、刮痧、拔火罐等技法，达到调和阴阳、扶正祛邪、疏通经络的功效。兰之韵 SPA，则主要是针对客人身体情况而定制的本草药浴及古法推拿，药浴后按摩等，可以使人快速消除疲劳，恢复体能，还可增强关节韧带的弹性和活力，恢复正常的关节活动功能，达到促进体液循环，保健防病、健体美容的功效。此外，酒店还开设了太极晨练课，是由陈氏太极小架拳继承人晁社武讲授。太极讲究"合天人、衡动静、平阴阳、沐身心"，晨起练太极，让新一天充满活力。

与其他康养酒店相比，深兰华亭康养度假酒店的康养项目以有着十年历史的"京都御医房"为背书，有一定的品牌基础和群众基础。而且其理疗项目多种多样，能满足不同顾客的个性化需求，因而能获得客人的青睐。

（2）以国学文化调节心灵，治愈身心

"脱离躁动日常，感受禅境优雅慢生活"，这是深兰华亭于刊物中提到的一个理念。如今，很多人为了生活、工作，或者是家庭，日夜兼程，奔波劳碌，忙得晕头转向，却总是徒增疲惫，达不到所追求的目标，焦躁无奈之下，更加迷失自己。《黄帝内经》中提到，"静则神藏，燥则消亡"，即唯有心境维持宁静平和的状态，才能身心健康，精神抖擞。因此，为了帮助宾客脱离躁动，卸下疲惫，放松紧绷的心弦，深兰华亭为宾客提供了国艺品鉴等项目，设置了茶室——"兰亭茶集"，为浮躁的都市人提供了心灵庇护之所。

茶道，实则是以茶修身，通过沏茶、闻茶、饮茶，美心修德，领略传统美德。喝茶能静心、静神，有助于陶冶情操、去除杂念。来到兰亭茶集，坐下来，一杯清茶，看云卷云舒，与心灵对话，感受自然与宁静。品茶听曲，茶与古筝的结合恰到好处，两者之间有着天然联系，犹如山与水的相依，茶的庄严气质如山般稳重，筝的流动旋律似水般柔情。当然，品茶也少不了香的陪伴。香，在馨悦之中调动心智的灵性，而又净化心灵；于有形无形之间调息、通鼻、开窍、调和身心；缥缈于庙宇神坛，安神定志；又能于席间怡情助兴。

品茗、听筝、闻香，兰亭茶集营造出一股悠远深邃的意境，在这样的意境下，再喧哗的灵魂也不禁平静下来，这也正响应了深兰华亭在刊物中所提到的："从感觉苏醒中品味生活，享受与万物对话的自在"的理念。除此之外，酒店还设有笔墨挥洒、阅览书画、棋盘对弈、古筝赏析、休闲旅游等项目，帮助宾客调节情绪，保持身心的舒适与健康[①]。

综上，将国学文化融入康养理疗之中，主导以文化调节心灵，陶冶情操，也是深兰华亭康养度假酒店的一大特色。但如何将文化与产品结合得更为紧密，如何开发极具特色和创意的文化体验活动，吸引更多客人的参与，是该酒店目前面临的挑战之一。

（3）合理有效的膳食搭配，形成养生服务闭环

在中医的角度，一日三餐，是每日都离不开的膳食养生，也是中医精华所在。中国传统膳食以"谨和五味""饮食有节"为原则。养生之道，药补不如食补，《黄帝内经》里"天食人以五气，地食人以五味"，讲的是人须靠五味食物来滋养身体。《逍遥子道引诀》中认为"五味之于五脏，各有所宜，若食之不节，必致亏损"，这里讲的食物的五味对于人体的五脏，各有其相宜与不宜之处，因此若饮食不加节制不注意宜忌，则必然导致身体亏损不佳，而食养最合宜的莫过于淡食和有所节制。

---

① 搜狐网：《康养酒店，不只是传统酒店的救命药》，https://www.sohu.com/a/233927097_218888。

深兰华亭康养度假酒店对食材的新鲜度追求很高,重视阴阳调和、荤素平衡、饮食有节的观念,且在传统烹饪方式上,将精挑细选的食材与至臻至美的摆盘艺术巧妙融合,兼具传统养生和饕餮两部分,更是给人视觉与味觉上极致的双重感受,最大化的展现出饮食文化精粹。为满足人们的不同需求,酒店基于对健康品质生活追求,定制有针对性的日常专属膳食服务,全面分析尊客的体质、健康状况、地理环境等多方面情况,提供最有效的膳食搭配,又可防病治病,保健强身,延年益寿。

就目前中国康养市场来看,康养经济红利巨大,康养酒店发展潜力很大。康养酒店虽然以酒店为载体,但是并不以住宿和餐饮等传统服务项目为主,而是以改善生活方式和全面健康提升为目标,实现健康养生与旅游度假的完美结合,这需要一整套专业的养生服务流程闭环与酒店管理体系相结合。本慧玛雅医疗酒店是有着悠久历史的康养品牌,其一体化的产品和服务相对成熟,特色也很鲜明,值得国内康养酒店学习,但是目前落地中国仍然面临诸多挑战。深兰华亭康养度假酒店是从康养产业发展而来,有自己独特的康养产品,而且从外观、产品、服务等体验均融入国学文化与康养基因,是中国本土康养品牌的有益探索。

参考文献

搜狐网:《国家"健康中国2030"战略:健康中国建设战略意义、当前形势与推进关键》,https://www.sohu.com/a/335787061_100122244?qq-pf-to=pcqq.c2c,2019-08-23。

上海阿纳迪酒店官网:《欢迎光临:上海阿纳迪酒店》,http://anandi-hotel.31td.com/,2021-03-08。

本慧玛雅酒店官网:《本慧玛雅医养酒店》,https://www.fxmayr.cn/en/

discover/the-f-x-mayr-retreat，2019-09-04。

搜狐网：《康养酒店，不只是传统酒店的救命药》，https：//www. sohu.com/a/233927097_218888，2020-09-10。

中华网：《新春佳节将近，赴深兰华亭，尽享桃源康养之乐》，https：// hea.china.com/article/20210113/012021_695648.html，2021-01-13。

后　记

本书为北京第二外国语学院中国文化和旅游产业研究院的研究成果，本书借鉴了许多前人的研究成果，参考了许多资料，在此表示感谢！由于作者水平有限，书中难免有疏漏之处，敬请读者提出宝贵意见！非常感谢中国国土经济学会在康养旅游领域的探索为我们提供的经验，特别是在深呼吸小城试点中许多成功经验为康养发展提供了优秀范例。感谢全国各地的学者参与本书的编写。

尽管康养旅游产业未来前景一片光明，但目前的康养旅游要么小而散，要么以康养之名行地产之实，要么借康养小镇建设向政府寻租。目前国内缺乏真正成功的康养旅游发展理念，没有成熟的理论。实践上在康养生活方式、目的地与技术方面都缺乏创新，行业急需健康的市场主体与理性的消费群体，中国式的康养旅游探索之路还很长。

本书出版得到北京第二外国语学院（3008 - C3008200248）科技创新服务能力建设—基本科研业务费（其他商品和服务支出）——国内学术会议费资助。衷心感谢社会科学文献出版社的大力支持。

邹统钎

2021 年 7 月

图书在版编目(CIP)数据

中国康养旅游发展报告.2021/邹统钎主编.--北京：社会科学文献出版社,2021.11
ISBN 978-7-5201-8854-8

Ⅰ.①中… Ⅱ.①邹… Ⅲ.①旅游保健-旅游业发展-研究报告-中国-2021 Ⅳ.①F592.3

中国版本图书馆 CIP 数据核字（2021）第 167056 号

中国康养旅游发展报告（2021）

主　　编／邹统钎
副 主 编／侯满平　王　欣

出 版 人／王利民
组稿编辑／任文武
责任编辑／杨　雪
责任印制／王京美

出　　版／社会科学文献出版社·城市和绿色发展分社（010）59367143
　　　　　地址：北京市北三环中路甲29号院华龙大厦　邮编：100029
　　　　　网址：www.ssap.com.cn
发　　行／市场营销中心（010）59367081　59367083
印　　装／三河市龙林印务有限公司

规　　格／开　本：787mm×1092mm　1/16
　　　　　印　张：15　字　数：203千字
版　　次／2021年11月第1版　2021年11月第1次印刷
书　　号／ISBN 978-7-5201-8854-8
定　　价／88.00元

本书如有印装质量问题，请与读者服务中心（010-59367028）联系

▲ 版权所有 翻印必究